Veronika Immler Antje Steinhäuser

Die Monster anderer Eltern

Veronika Immler Antje Steinhäuser

Die Monster anderer Eltern

Von Sandkastenterroristen, Schulhofgangstern und anderen Nervensägen aus der erziehungsfreien Zone

mvgverlag

Bibliografische Information der Deutschen Nationalbibliothek:
Die Deutsche Nationalbibliothek verzeichnet diese Publikation in der Deutschen Nationalbibliografie; detaillierte bibliografische Daten sind im Internet über http://d-nb.de abrufbar.

Für Fragen und Anregungen:
Monsterkinder@mvg-verlag.de

1. Auflage 2012
© 2012 by mvg Verlag, ein Imprint der Münchner Verlagsgruppe GmbH
Nymphenburger Straße 86
D-80636 München
Tel.: 089 651285-0
Fax: 089 652096

Redaktion: Petra Holzmann, München
Umschlaggestaltung: Julia Jund, München
Umschlagabbildung: Corbis Images
Satz: Grafikstudio Foerster, Belgern
Druck: CPI – Ebner & Spiegel, Ulm
Printed in Germany

ISBN Print 978-3-86882-279-3
ISBN E-Book (PDF) 978-3-86415-312-9

Weitere Informationen zum Verlag finden Sie unter

www.mvg-verlag.de
Beachten Sie auch unsere weiteren Verlage unter
www.muenchner-verlagsgruppe.de

Inhalt

Die Monster anderer Eltern

Gartenparty bei den Webers. Ich freue mich auf ein gepflegtes Gläschen in lauem Sommerabendlüftchen, sanft schaukelnd auf der Hollywoodschaukel, unangestrengtes Plaudern mit Gleichaltrigen. Ich lehne mich zurück, herrlich, alles erledigt, ein paar Stunden der Muße stehen bevor. Ich schließe für einen Moment die Augen.

»Warum bist du so hässlich angezogen?«, dringt es da an mein Ohr. Es ist Albertine, die siebenjährige Gastgebertochter, die im Gegensatz zu anderen Kindern in dem Alter offensichtlich noch nicht ins Bett musste, sondern noch zwischen den Gästen unterwegs ist und vorwitzige Fragen stellt. Hat man denn nie seine Ruhe? »Wir finden es wichtig, dass sie so ehrlich ist«, erklärt Gastgeberin Dörte Weber mir beglückt. Sie schwärmt noch über die Direktheit ihrer Tochter, als ich einen heftigen Stoß im Nacken verspüre. Weber-Spross Derek, neun, hat mich angesprungen, einfach so. »Toll, was für ein Gefühl der gleich für dieses Karate entwickelt hat«, stellt Gastgeber Jörg-Uwe Weber höchst zufrieden fest. Ich kann kaum noch den Kopf drehen, muss mich von dem Schock aber gar nicht erholen: Collin, 13, ersetzt ihn für mich einfach durch den nächsten, indem er mir vom ersten Stock aus mein Glas mit einem Softair-Geschoss aus der Hand schießt.

Und während ich mich noch matt frage, warum man die Monster der anderen kaum je maßregelt – sich stattdessen nur seinen Teil denkt und der Rest ist Schweigen –, trommelt Frau Weber bereits ihre Gäste zusammen: »Giselle wird euch jetzt etwas auf ihrer Geige vorspielen!«

Rotzlöffelalarm, unerwartet, jederzeit, rücksichtslos, überall! Es gibt sie in jedem Alter, Mädchen und Jungen, niemand ist sicher, nirgends, nie. 15 Nervensägentypen der Monsterspezies, die uns ganz persönlich (aber natürlich auch anderen) am meisten auf den Senkel gehen und die massivsten Monster-Abneigungen auslösen, lauern in diesem Buch – diese Typen und die Rotzlöffel-Situationen, so wie man sie im wirklichen Leben erlebt. Man weiß nie, auf welches Monster und welchen Rotzlöffel man als Nächstes trifft. Sie toben und wüten in Supermärkten, Schuhgeschäften und selbstverständlich auf Spielplätzen und Schulhöfen. Von Assibratze bis Zornröschen, Abikampfsäufer bis Zappelphilipp. Und niemand hält sie auf …

Nachbemerkung: Es handelt sich um ein Monsterfachbuch und nicht um einen Erziehungsratgeber!

Nervensäge Typ 1:
Der Hochleistungs-Chiller

»Abhartzen statt abaxten!« ist das erklärte Lebensmotto dieser hormongesteuerten Pubertätsopfer – was übersetzt so viel bedeutet wie: Lieber auf Kosten der Eltern abhängen und nichts tun, als sich den Hintern für die angedachte Lebensabschnittsaufgabe, sprich für die höhere Schulbildung, aufzureißen. Außer ihren gleichgesinnten »Homies« (Freunden) sind alle anderen Mitmenschen für sie »prasseldumme Nichtsraller« und »hirnblinde Vollsocken« – allen voran freilich die »astigen Folterknechte« (die dummen Lehrer) und die eigenen »monsterpeinomäßigen Wachtürme« (die sehr peinlichen Eltern). Letztere sollen zwar regelmäßig eine »grüne Fliese« (100 Euro) »rübergurgeln«, aber ansonsten »cremig« (handzahm) bleiben, nicht »rumflamen« (Hektik verbreiten) und keinesfalls irgendwie in ihrem Leben »rumlidln« (rumschnüffeln).

Hätten Sie es gewusst?

»Achselmoped« bedeutet unter Chillern: Deoroller, während »Deoroller« einen Zeitgenossen mit Glatze beschreibt.

Die Hochleistungs-Chiller, meist aus gutbürgerlichem Hause, gaukeln ihrem Umfeld unablässig Tiefenentspanntheit vor. In Wirklichkeit wissen die pickeligen Wachstumsverweigerer aber nichts mit sich selbst anzufangen. Sie wollen schon erwachsen sein, spüren aber, dass sie im Grunde ihres Herzens unsichere, unselbstständige, ungebildete und obendrein nicht belastbare Dumpfbacken sind. Diese leise Ahnung, die da in ihrem Innersten an ihrem kaum vorhandenen Selbstbewusstsein nagt, gilt es nun, tagtäglich hinter überzogen gespielter Chiller-Coolness zu verbergen. Dazu gehört schon mal das passende Outfit. Die Baggy-Hose ist für die männlichen Möchtegerngangster ein Muss – das sind die Jeans, die unter dem »Kackkasten« (Hintern) hängen, und bei denen der komplette »Furzfänger« (Unterhose), auch »Schinkenbeutel« oder »Bananenhängematte« genannt, zu sehen ist und deren Schritt auf dem Asphalt streift, sodass sie dem Träger gar keine andere Wahl lassen, außer gemächlich, breitbeinig schlurfend »heranzulurchen« (heranzuschlappen). Die Jungs wären gerne »Schnecken-Checker« (Aufreißer), tun so, als wären sie die »Sprengel-Berlusconis« höchstpersönlich, und doch reicht ihre sexuelle Erfahrung meist nicht über eine verklebte Schlafanzughose hinaus. Denn »logofrosch« (freilich) haben sie nicht die Eier in der Hose, um »Schnitten anzusegeln« (sich gut aussehenden Mädchen zu nähern), »Torten anzuwedeln« (tolle Mädchen anzumachen), geschweige denn ein Mutterschiff (reifes Mädchen) »abzugrätschen« (abzuschleppen), um an ihr »rumzunagen« (rumzuknutschen).

Hätten Sie es gewusst?

Den Lurch würgen
oder auch
den Jürgen würgen,
den Biber melken,
dem Arbeitslosen die Hand schütteln,
den Kaspar schnäuzen,
die Maus klicken,

einen von der Palme wedeln,
die einäugige Schlange dressieren,
das Gürteltier keulen
und den Olm reanimieren
sind nur einige von unzähligen Ausdrücken für die männliche Selbstbefriedigung.
Für »ein Buch lesen« gibt es bezeichnenderweise keine Umschreibung.

Die Chillerweibchen sind die charakterfreien Nebengeräusche der dominanten Alphajungs. Sie machen auf gelangweilte »Bitch« (Schlampe), »pimpen« (stylen) sich wie 30-Jährige und übernehmen kritiklos alle coolen Sprüche und Eigenarten der angehimmelten Männchen. Sie wären gerne Vamps, aber sehen bedauerlicherweise doch nur aus wie vom Babystrich. Ihre zu stark schwarz geschminkten Smokey Eyes sollen verrucht wirken und einen heftigen Lebenswandel vortäuschen. Einmal in der Woche haben sie »Freigang«, dann »alken« (saufen) sie mit den Jungs abends auf Spielplätzen oder in öffentlichen Grünanlagen in der erbarmungswürdigen Hoffnung, »rampenzu« (total besoffen) die Zuneigung eines Checkers zu gewinnen. Ihre Eltern glauben allerdings bis heute, dass ihre lieben Töchter immer bei den besten Freundinnen übernachten, während sie mit »Totalschaden« irgendwo im Stockdunklen in einen Busch »Brocken jubeln« (kotzen).

Hätten Sie gewusst, dass

Emowanderweg	Bahngleis
Unterschichtsbeschleuniger	Bus
Münzmalle	Solarium
Steckdosenneger	Solariumsbesucher
Popelplane	Taschentuch
Sprühwurst	Durchfall
Pennercabrio	Einkaufswagen
Migränestäbchen	Schlagstock
Vegetarierfrisbee	Gurkenscheibe

bedeutet?

Wenn die »Welpenmafia« (Kinderbande) verspätet »out-of-bed-swag« (gekonnt verlottert aussehend) im »Büffelbunker« (Schule) einschlurft, als hätten sie die Nacht lang in der »Knallhütte gepegelt« (in der Kneipe gesoffen), dann macht das auf die gleichaltrigen Spätentwickler schon mal »derbe 1337« (tierisch Eindruck). Vor der Schule haben sie schon eine »Tabakroulade« gequarzt. Gleich vor dem »Knast« (Schulgebäude), damit möglichst viele kleine »Leertasten« (unbedeutende Mitmenschen) »rallen« (kapieren), wie wenig »Backenwedeln« (Angst) sie doch vor den »Rauchmeldern« (Lehrern) und selbst vor dem »Handykollektor« (Schuldirektor) und seinem »Drohpapier« (Verweis) haben.

Im Unterricht geben sie sich demonstrativ desinteressiert. Sie sind sich ganz sicher, dass DDR »Deutsche Dominikanische Republik« bedeutet und dass das Zwerchfell die Schambehaarung eines Kleinwüchsigen sein muss. Nichts zu »strahlen« (verstehen), besonders in Mathe und Latein, halten sie für absolut »krönungsbedürftig« (anerkennenswert). Dafür lassen sie als Bildungsdistanzierte keine Gelegenheit aus, ihre braven Mitschüler zu »dissen« (diskreditieren), um sich selbst immer wieder auf's Neue als unangefochtene Leittiere zu bestätigen. Sie bezeichnen schlaue Mitschüler als »Nerds«. »Captain Wiki« (der Klassenprimus) taugt gerade mal dazu, um bei ihm die Lateinhausaufgaben »abzukrallen«, strebsame Schüler werden als »Mastdarmakrobaten« oder »Analraupen« (Arschkriecher) abgetan, der Rest der Büffelbrigade (Klasse) ist sowieso der reine Augentinnitus: nur Pfeifen! Wenn einer von diesen »Vollspaten« denkt, er könnte es wagen, ungefragt Kontakt zu den »Gin-Chillers« aufzunehmen, der wird mit Sätzen wie »Back dir ein Eis!«, »Strick dir ein Steak« oder »Kauf dir Freunde!« »gebashed« (angegriffen und besiegt).

Hätten Sie gewusst, dass

Hagelschaden	Cellulite
Pflasterporsche	Gehhilfe
Pickel-Tipp-Ex	Abdeckstift
Korallenriff	verpickelte Person
Gartensalami	Gurke
Achselkaffee	Schweißflecken
Günther haben	Mundgeruch haben
Freibadkruste	Sonnenbrand
Joggingpeitsche	Gammelhose
Änderungsfleischerei	Schönheitschirurgie

bedeutet?

Dann »gathern« (versammeln) sich die »Hobbylosen« im »Schlangentreff« (Jungenklo) zum »Lungenbräunen« (Rauchen), »bechatten« (bequatschen), ab der dritten Stunde »abzupixxeln« (zu verschwinden), um im »Gasthaus zum goldenen M« (McDonald's) oder einem anderen »Glutamattempel« (Fast-Food-Restaurant) den Rest des Schultages »abzuschimmeln« (rumzugammeln). Viel zu erzählen haben sie sich logischerweise nicht, sie »inserieren« sich ja für nichts. Sie hängen zusammen ab, hören mit überdimensional großen, knallbunten Kopfhörern »coole Mucke« (aktuelle Hitparade), »knacken 'ne Hülsenfrucht« (öffnen ein Dosenbier), »saugen sich 'nen Truckerpimmel rein« (essen eine Currywurst), daddeln an ihren iPhones rum und senden vermeintlich Gleichgesinnten sinnfreie und obendrein bodenlos belanglose Kurznachrichten wie: »Ich trink Ouzo, was machst du so?«

Hochleistungs-Chiller sind Profis im »Sich-selbst-in-die-Tasche-Lügen«. Schließlich stehen die Pickel-Pinocchios in allen versetzungsrelevanten Fächern auf einer guten Fünf. – »Also, chillt eure Hormone, Ötzis (Eltern)!« »Der Alte« (Vati) zahlt dann die Nachhilfestunden und den überteuerten Schüleraustausch in die USA mit vollem Spaßprogramm – wenn alle Stricke reißen – »logobibobo« (selbstverständlich)!

Ganz schlecht kommt es bei diesen Jugendlichen an, wenn Sie als Erziehungsberechtigter versuchen, sich Ihrem Kind im Jugendslang anzubiedern, um Ihr anvisiertes Erziehungsziel zu erreichen. Olivias Mutter probierte es neulich mit folgender Ansage: »Olivia! Mach hier nicht einen auf abgehippte Molli (durchgeknallten Motzkäfer), du Randfichte (belanglose Randfigur), und stell mal presto deine Horchbretter (Ohren) auf! Ich würde mich echt einen Kullerkeks (außerordentlich) freuen, wenn du dich nicht nur in der Celluliteanstalt

(Freibad) antoasten (bräunen) oder die Knarrkante abmatten (im Bett liegen) würdest, sondern auch mal an deiner Mathearbeit meißeln (arbeiten) würdest! Und jetzt mach die Socken scharf (zieh Leine) und hinkel (arbeite) los!« – Wen wundert's? Der Motivationsschub blieb aus. Olivia antwortete ihrer Mama: »Hey, peace, Höhlenmensch! (Ganz ruhig, Mutti!) Entschleunige dich mal (fahre mal runter), du Karoshi-Opfer (überarbeiteter, japanischer Stresstoter)! Mach hier nicht einen auf priesterlich (Moralapostel)! Sieh das mal relaxt (entspannt) – wenn ich morgen die Mathe-Ex bläue (schwänze), dann ist alles gebongt (klar)!«

Olivia hat schon mal vorsorglich ein paar individuelle Entschuldigungsschreiben vorbereitet.

Jetzt muss sie sich nur noch ganz gechillt entscheiden, welches sie davon nehmen wird:

Variante 1:

Meine Tochter Olivia musste heute Nacht mehrmals spuken.

Variante 2:

Olivia hat heute einen Termin beim Kifferorthopäden.

Variante 3:

Olivia ist gestern Cola-Biert und kann deswegen heute nicht am Matheunterricht teilnehmen.

Verabschiedungen unter Chillern:

- Check die Wurst!
- Lass Haare wehen!
- Laba ken Kaba!
- Hau die Hacken in den Teer!
- Bis dannimanski!
- Ciao Cescu!
- Grüß' die Spinne!
- Hau die Hühner!
- Ich mach 'nen Fisch ins Gebüsch, ne!
- Wirsing!

Rotzlöffelalarm im Schuhgeschäft

»Noah, kommst du jetzt, bitte?«, tönt es zum wiederholten Mal durch die Kinderschuhabteilung. »Noah!« Aber Noah kommt nicht. Noah kommt jetzt nicht, und er kommt auch später nicht. Noah kommt nie! Noah hat immer etwas Besseres zu tun, als dem Ruf seiner Mutter zu folgen – vor allem, wenn es darum geht, Schuhe anzuprobieren. »Noah!« Vorhin musste Noah die Schuhfachverkäuferin mit einem Schuhlöffeldegen zum Duell fordern, dann musste sich die Arme auf den Boden legen und sich tot stellen, weil Klein-Noah sie mit seiner imaginären Schnellfeuerpistole, unter authentisch imitiertem Gun-Sound, komplett durchsiebt hatte. Danach entsicherte er, durch symbolisches Ziehen an den Schuhbändern, eine Romika-Kinderhausschuhgranate, warf sie zielsicher in Richtung Wohlfühlschuhabteilung, brachte sich dann zwischen meinen Beinen in Deckung, hielt sich die Ohren zu und wartete die lautstarke Explosion ab.

These boots are made for throwing

Der amtierende Juniorenweltmeister im Gummistiefelweitwurf ist ein 16 Jahre alter Finne. Er trainiert seit seinem dritten Lebensjahr. Traditionell werfen bei offiziellen Wettbewerben Kinder nur schwarze Stiefel in Größe 33.

»Noah, kommst du jetzt, bitte?« Natürlich kommt Noah nicht, denn jetzt hat er sich gerade auf der Kinderrutsche in Stellung gebracht und verteidigt diese mit seinem fiktiven Laserschwert gegen Tausende von Klonkriegern, die auf die eigenartige Idee kamen, auch mal rutschen zu wollen. »Noah, kommst du jetzt, bitte?«, schallt es wieder quer durch den Verkaufsraum. Noahs Mutter weiß, dass Noah nicht kommen wird, und sie weiß, dass es besser ist, sich nicht nach ihm und den vielen gefallenen Kung-Fu-Pandas zwischen den Regalen umzusehen, die es gewagt haben, sich dem Auserwählten in den Weg zu stellen. Sie hat es sich einfach zur Gewohnheit gemacht, in regelmäßigen Abständen diesen Satz zu rufen, dessen ursprünglichen Sinn sie schon vor langer Zeit vergessen hat. »Noah, kommst du jetzt, bitte?«, ruft sie erneut in einen Kamik-Stiefel. – Wenn die Möchtegern-Jedi-Mama nicht schlagartig auf die Seite der bösen Macht wechselt, dann tue ich es! Terror in der Kinderschuhabteilung!

Zweimal im Jahr muss ich mir das antun. In der nie sterben wollenden Hoffnung, dass es dieses Mal ganz schnell gehen könnte, habe ich, wie immer, meinen dicken Wintermantel nicht abgelegt und, wie immer, kollabiere ich jetzt fast auf der roten Kunstledersitzlandschaft im Schuhhaus Treter, unten, im flackernden Licht der Neonleuchten in den Katakomben des Grauens. Ich will hier raus! Schnell! Meine Tochter Paula probiert gerade das zwanzigste Paar Winterstiefel. Die einen sind »hinten ein bisschen – ich weiß nicht«, bei denen da »slipped« sie irgendwie voll, der da »rubbed« superkrass, der da geht ja wohl gar nicht – der ist doch »end-feldbuschig«, da »matched« zwar der linke, dafür »pinched« der rechte hammermäßig, der hier ist zu »bitchig«, der »fitted« zwar, ist aber »nerdig«, und der einzige, der »flashed«, ist der komplett überteuerte »Hilfiger-Hampshires-Boot-Coconut«, den ich aber nicht bezahlen werde. Ich drehe noch durch und frage meine Dreizehnjährige, ob »nerdig« gleichzusetzen sei mit »hat alles, was man von einem Winterschuh erwarten kann: Er sieht nett aus, ist bequem, wasserfest, hat eine tolle Profilsohle und ist obendrein preislich angemessen«. Sie sagt zu mir: »Mann, Mama, jetzt bleib mal geschmeidig – shoppen mit dir ist echt extrem unporno!« Und zur Verkäuferin: »Gibt es den hier auch in Navyblue und könnte ich die drei hier mal eine halbe Nummer größer probieren?« Jeden November der gleiche Irrsinn! Kraftlos rutsche ich noch tiefer – ich glaube, ich muss mich langsam selbstständig in die stabile Seitenlage bringen. Ich beschließe, die tapfere Schuhverkäuferin, die seit mindestens 20 Jahren die Stellung in Treters Tiefgeschoss hält, für das Bundesverdienstkreuz vorzuschlagen. »Noah! – Noah kommst du jetzt, bitte?«

2500 Dollar Preisgeld räumte die 13-jährige Catherine beim »Rotten Sneaker Contest« (Gammelschuhwettbewerb) im amerikanischen Montpelier ab. Alle Jahre wieder wird bei diesem Wettbewerb das Kind mit den stinkendsten und ungepflegtesten Turnschuhen preisgekrönt.

»In meiner Jugend hat man die Schuhe der Geschwister aufgetragen«, lege ich los, »und wenn man überhaupt mal ein neues Paar Halbschuhe bekommen hat, dann gab es zwei Modelle zur Auswahl! Beide waren hässlich und aus Vollplastik. Passgenauigkeit und Tragekomfort waren Fremdwörter, ganz zu schweigen von einer wohltuenden Längswölbestütze und einer atmungsaktiven Auftrittsdämpfung! Und allein die Aussicht darauf, eventuell einen chemisch kontaminierten Werbeluftballon oder gar ein Lurchi-Heft geschenkt zu bekommen, hat uns gereicht, um mucksmäuschenstill auf unseren vier Buchstaben sitzen zu bleiben.

Entschieden, welches Paar gekauft wird, hat allein der Erziehungsberechtigte, und diese Wahl wurde stillschweigend hingenommen, und die Sache mit dem Schuhkauf war so in zehn Minuten erledigt«, sage ich, wie bei jedem Treter-Besuch, zu meiner Tochter. Paula antwortet: »Navyblue sieht ja wohl absolut unwonne aus!« Ich spreche, wie so oft, mit einer Wand – aber immerhin hat es meine kleine Hormonbombe dieses Mal vermieden, lautstark auf meine Zehenfehlstellung hinzuweisen, die sie meinem endkrassen Schuhstyle als jugendlicher Höhlenmensch zuschreibt. »Noah, kommst du jetzt, bitte?«

Da wirft sich neben uns auch noch ein hysterisches Lillifee-Imitat mit Blinkdiadem und Glitzerflügeln auf die Auslegeware, um sich die auserwählten Funkelballerinas statt der nahegelegten rosa Matschstiefel zu erschreien. Jeder, der es wagt, »Little Princess« die Vorzüge von gefütterten Stiefeln im Winter nahezulegen, bekommt schonungslos eins mit ihrem Hartplastikzepter übergebraten. »Lilli, denke an unser Agreement! Dein Benehmen ist nicht opportun«, zischt die blondierte Silikonfee-Mama und greift reflexartig nach ihrem Smartphone. »Sie ist wie ihr Vater!«, höre ich sie im Vorbeigehen ins Handy keifen. »Ich gönne mir jetzt ein Paar Frustpumps – und die zahlt er!«, wettert sie, bevor sie sich zu den High Heels verzieht, Ausgehpläne mit Yvonne schmiedet und das Lillimonster brüllend bei uns liegen lässt. »Noah, kommst du jetzt, bitte?« Paula spielt derweilen wieder Topmodel und posed vor dem Spiegel. Jetzt walked sie, wie auf dem Runway, durch die Schuhgasse auf mich zu. »Drama, Baby, Drama – das ist der Wahrheit!«, denke ich, beginne von einem Sauerstoffzelt zu halluzinieren und ernsthaft in Betracht zu ziehen, 299 Euronen für die »vollfetten« Hilfiger-Boots auszugeben, damit dieser Wahnsinn endlich ein Ende hat. Vorher werde ich allerdings noch mit meiner Hammerzehe diese nervtötende, rosa Lillimücke plattmachen. »Noah, kommst du jetzt, bitte?«

»Die tatsächliche Innengröße des Lacoste Camden Retro White Shrimp ist um 11,8 Millimeter geringer als die angegebene Schuhgröße. Die unter Schuhfachverkäufern gängige Methode, die Passfähigkeit des Schuhs durch die Fingerdrückmethode zu kontrollieren, ist fahrlässig, da Kinder automatisch dazu neigen, bei dieser Maßnahme die Zehen reflexartig zurückzuziehen«, argumentierte Mayas Mutter, die Juristin Sandra W. aus K., und forderte deswegen nicht nur die Zurücknahme des gebrauchten Schuhs, sondern verlangte obendrein, wegen der »unsachgemäßen Montage des Erfüllungsgehilfen« (Verkäuferin) Schadensersatz und die Übernahme der Kosten der durch den Sachmangel resultierenden Fußfehlstellung des Kindes.

Doch es wird noch besser! Das hier ist offensichtlich nur die Vorgruppe für den Ego-Shooter des Tages. Jetzt kommt der eigentliche Star der Treter-Show: Hier ist Marc Aurel!

Dass der Testosteronkobold Marc Aurel heißt, weiß ich freilich noch nicht, als ich ihn, mit seiner goldbehangenen Mutter (wahrscheinlich »Frau Kaiser«) im Gefolge, die Freitreppe in das Untergeschoss des Treter-Schuhhauses herunterstürmen sehe. Aber man hätte es ahnen können! Eigentlich bin ich schon zu dehydriert, um mich auch noch auf Marc Aurel zu konzentrieren. Aber ein Kind, für das ein Name wie Marc Aurel, Julius Cäsar, Nero oder Tiberius gerade gut genug war, lässt sich nicht übersehen. Ungebremst schmettert Marc Aurel jetzt gegen das Metallgeländer des Zwischenpodestes.

Von hier oben verschafft er sich einen raschen Überblick über das einzunehmende Gelände. Der Blick des kleinen Imperators im Goldknopfzweireiher verrät, dass er noch in derselben Stunde Treteria im Sturm erobern und dem Erdboden gleichmachen wird. Blitzschnell macht er die Schwachstellen der Verteidigung aus. Er hat ernsthafte Vernichtungsbestrebungen – daran besteht überhaupt kein Zweifel. Hämmernde Schläge mit seinen Collegeschuhen gegen die metallenen Geländerstäbe lassen jede Hoffnung schwinden, den Angriff des Imperators unbeschadet zu überstehen. Marc Aurel ist bereit für den großen Schlag. »Noah, kommst du jetzt, bitte?« Ohne den Blick von M. A. abzuwenden, gehe ich in Deckung und ziehe Paula noch schnell hinter die eindrückliche Schuhkartonmauer, die sich, Gott sei es gedankt, mittlerweile vor uns auftürmt. »Möge die Macht mit uns sein!«, denke ich noch, und dann greift er an.

Die letzten fünf Stufen nimmt der Kaiser im Sprung. Sein Schwung katapultiert ihn förmlich an die gegnerische Linie. Noch im Flug bringt er zwei Schuhrondelle in Drehung, die sich schlagartig selbst entleeren. Geox-Geschosse fliegen in alle Richtungen. Dann stellt er der Schuhfachverkäuferin ein Bein, der durch den frisch angeforderten Schuhkartonturm, den sie für meine Tochter heranschleppt, leider die Sicht genommen war. Polternd fällt die Leidgeprüfte der Länge nach in den Gang und bleibt dort zunächst regungslos, mit dem Gesicht im Schachtelhaufen, liegen. Jetzt räumt Marc Aurel im Vorbeilaufen mit einer Hand einen raumlangen Regalboden ab. Das komplette Herrenwanderstiefelsortiment fällt am Regalende aus der Stellage und begräbt das inzwischen rot angelaufene Lillifee-Monster unter sich. »Strike! – Good Job!«, glaube ich eine elektronische Stimme in mein Ohr sagen zu hören. Und dann steuert der unerschrockene Feldherr auf die von Darth-Noah-Vader besetzte Rutsche zu. »Noah, kommst du jetzt, bitte?« Noahs Mama dreht dem Untergangsszenario nach wie vor konsequent den Rücken zu und spricht weiter mit ihren Schnürstiefeln, Lillimama quatscht immer noch mit Yvonne. Das Unfassbare ist jedoch, dass auch Mama Kaiser dem Feldzug ihres Zöglings keinerlei Beachtung schenkt. Sie hat zielstrebig den Flur zu den Timberland-Boots eingeschlagen, prüft dort ungerührt die neu eingetroffenen Trendmodelle, greift sich ein Ausstellungsstück, walzt auf die niedergestreckte Verkäuferin zu und schiebt ihr mit der Ansage: »in 36 und machen Sie schnell – ich steh im Halteverbot« das Modell unter die Nase. Gehorsam rappelt sich die Fachkraft auf und schleppt sich in Richtung Lager, während die Imperatormutti die Wartezeit nutzt, um sich vor dem Spiegel den blutroten Lippenstift von den Zähnen zu schrubben.

Shoefiti ist ein Jugendtrend, der sich auch immer mehr in Deutschland durchsetzt. Alte Turnschuhe, die an den Schnürsenkeln zusammengebunden wurden, werden in unerreichbare Höhen auf Bäume, Hochspannungsleitungen, Verkehrsampeln oder andere markante Punkte im öffentlichen Raum geschleudert, dann fotografiert und ins Netz gestellt. Mittlerweile gibt es Schuhbäume, in denen bereits mehrere Hundert Schuhpaare baumeln und die zu richtigen Pilgerstätten der Jugendszene wurden. Was zunächst ein belangloser Gag war, scheint sich zu einem Trendritual zu mausern. Jugendliche werfen auf diese Weise symbolisch Sorgen und alten Ballast von sich.

Meiner Tochter, die gerade entsetzt ihren Mund aufreißt, um gegen den unterbrochenen Stiefelnachschub in unseren Schützengraben zu protestieren, kann ich gerade noch rechtzeitig eine Wintereinlegesohle in den Rachenraum stopfen, um sie ruhigzustellen. »Schais auf da Schuhe!«, zitiere ich Bruce Darnell, in der Hoffnung, Paula endlich aus ihrer verklumten Heidiwelt in die Realität zurückzuholen! »Hier geht es nur noch um das nackte Überleben, Paula!« – »Voll kraff! Nach dem Mayakalender geht die Welt eigentlich erft im Defember unter«, stammelt Paula lammfellgedämpft. »Supi! Dann brauchst du ja sowieso keine neuen Winterstiefel mehr«, flüstere ich, und dann verfolgen wir gespannt das Kampfgeschehen weiter:

Nach römischer Legionärstaktik legt Marc Aurel jetzt die letzte Strecke bis zur Rutsche mit lautstarkem Geschrei (ich meine »Zalandoooooo!« verstanden zu haben) zurück, und hast du nicht gesehen, liegt der kleine Darth auch schon zwei Meter tiefer. Dann kommt M. A. gerade die Rutsche heruntergeschossen, und es sieht so aus, als wollte er als Nächstes mit einem »Frog Splash« dem abgestürzten Opfer in den Rücken springen ... da klingelt sein Handy. Seine Mutter, die sich in Luftlinie nur etwa drei Meter weiter befindet, brüllt wie ein Feldwebel in ihren Apparat: »Marc Aurel! Antreten zur Anprobe – marsch!« Ungläubig beobachten wir aus unserem Schachtelbunker, wie Marc Aurel tatsächlich dem Befehl zu gehorchen scheint. Gut – er kickt auf seinem Rückmarsch in jeden Karton, der ihm im Weg liegt, und er trampelt mutwillig über den wimmernden Wanderschuhhaufen – aber Leute! Er folgt seiner Mutter! Gleich beim ersten Mal! Wo gibt es denn so etwas noch? »Was für ein lächerlicher Fremdling auf Erden ist der, der über irgendein Ereignis in seinem Leben erstaunt«, soll der wirkliche Marc Aurel einmal gesagt haben. Ich gebe es zu: Ich bin, spätestens seit eben, einer der lächerlichsten.

Aber weiter im Geschehen: Mama Feldwebel hat sich schon aufgeplustert in den Regalgang gestellt und schreit M. A. entgegen: »Stillgestanden – hinsetzen – anziehen!« Jetzt hält sie ihm den Timberland vor die Nase. Ihr Sohn bekommt plötzlich Augen wie ein chinesischer Wushu-Kämpfer, starrt sein Gegenüber provozierend an und bringt sein Missfallen durch einen eindrucksvoll dröhnenden Rülpser in das Gesicht seiner Vorgesetzten zum Ausdruck. »Voll assi!«, bemerkt Paula noch, da hat der Kobold aber auch schon zackedizack eine gescheuert bekommen, dass es ihm die aufgegelte Frettchenbürste verschiebt, und im selben Moment hat ihm seine aufmerksame Mutti auch schon einen Arm auf den Rücken gedreht und knick-knack presst sie den aufjaulenden Gollum gegen eine Betonsäule. »Los, ziehen Sie ihm die Schuhe an!«, befiehlt Frau Kaiser der spontan Beifall spendenden Verkäuferin, »und zwar zackig – oder wollen Sie mein Knöllchen übernehmen?« – »Voll Hammer! Die nennt ihren Sohn ›Knöllchen‹«, wundert sich Paula. Ich verdrehe nur noch die Augen, und dann nutzen wir die günstige Gelegenheit, verlassen die Deckung und robben vorsichtig Richtung Ausgang.

Nervensäge Typ 2:
Hassan Yildirim

Hassan Yildirim ist das fleischgewordene Klischee. Ein Volltreffer. Die Faust aufs Auge, der Nagel auf den Kopf, der Kahn auf den Bosporus. Während sich seine Sippe beschwert, dass ihnen im Kindergarten im Dezember ein Christen-Adventskranz aufgezwungen wird, fühlt Klein Hassan sich derweil von etwas anderem behelligt: von den vielen doofen Mädchen, die so nervig viel dürfen. »Bei uns kriegen die Männer zuerst! Geh weg, Tuss«, posaunt er raus, wenn es ans Mittagessen geht. Da haben Ida-Elisabeth und Friederike aber ganz schön blöde geguckt – wenn er auch nicht den Eindruck hat, dass sie kapiert haben, was er ihnen da an grundlegender Lebensweisheit eigentlich hatte mitteilen wollen. Da hat er ihnen zur Sicherheit noch »Dummweiber« über seine Kartoffelsuppe hinweg zugerufen.

Türkisch	Deutsch
Şovenist	Chauvinist
Maço	Macho
Gösterişçi	Wichtigtuer
Çalımcı	Angeber
Boka batmak	Macker

In der Grundschule nennt er die Mädchen dann schon »alde Schlampe«, wenn sie ihm auf den Bisküvi gehen. Außerdem geht er schon ein bisschen breitbeiniger als der blonde

Schnarchzapfen aus dem Emsland. Und er geht ein bisschen seltener aus dem Weg, wenn ihm jemand entgegenkommt auf dem Schulhof. Dafür hat er schon ein bisschen häufiger so einen kompromisslosen Zug um den Mund: Wenn Hassan kommt, ist gefälligst Platz zu machen. Denn kein Platz bedeutet Lusche, Nix-zu-melden-Haben – das geht nicht, das machen seine zwölf großen Brüder und Vettern auch nicht. Dann ist das Ego (vergleiche für eventuelle Parallelen mit Typ 7) auch nicht ganz so angeknackst, wenn der Deal mit dem Achtklass-Realschüler, dem er den geklauten iPod andrehen wollte, nicht hingehauen hat, weil Dennis, der Depp, der neben ihm sitzt, voll losgeflennt hat, als die Lehrerin scharf nachfragte, wer dem Julien den iPod im Landschulheim aus der Reisetasche geklaut hat.

Und dann, wenn er ins Halbstarkenalter kommt, ist es so weit: Er ist der Osmanen-Cowboy, der Turkvolk-Gaucho, der Anatolien-Amazer – so geilo prollig! Wenn er irgendwo langgeht – geübt hat er das ja inzwischen jahrelang –, setzt er seine Füße mindestens einen halben Meter breit voneinander entfernt auf. Das macht den Gang so herrlich wichtig. Und die Eier irgendwie dicker. Optisch. Denkt Hassan jedenfalls. Außerdem kommt er ja nie allein des Weges, sondern immer in Begleitung von ein paar Typen, wie er selbst einer ist. Jeder mit spiegelnder griechischer Busfahrer-Sonnenbrille und Sonnenblumenkernetütchen. Die Macker-Kombo, die nix auseinanderbringt. In stonewashed Jeans und Bringerjacken. Oder auch gern mal im guten Ballonseiden-Trainingsanzug mit türkisen Spoilern und silbernen Nähten – fett korrekt, das Teil, Aldern!

Wenn die Hassans so herrlich breitbeinig irgendwo entlangstolzen, wird jeder Gang zum Getränkeautomaten zum Territorialkampf. Es geht jederzeit ums Ganze. »Ey Aldern, isch schwör!« Das bringt Respekt – und »Respekt« ist eins der Zauberwörter. Es mäandert zwischen Angst und Bewunderung und garantiert vor allem eins: Stärke. Isch schwör! Die ganzen Kartoffelweiber (Deutsche) wollen Kanaken, weil die stark sind und nicht so lang fackeln und außerdem naturbraun, nicht so ein gelbliches Sonnenstudio-Weichei, das sich nicht entspannen kann, sondern überall immer nur Qualitätskontrolle betreibt. Aber Ehre, ey, Aldern, Ehre hat der nicht; dabei ist Ehre, isch schwör, auch total wichtig. Schon allein als Rechtfertigung für alles, was Hassan tun will. Zum Beispiel dem Spinner aus der KFZ-Mechatroniker-Klasse »konkret eins aufs Maul« geben, der neulich einen Spruch darüber gebracht hat, dass die in Antalya mit den gebrauchten Straßenbahnen aus Nürnberg rumtuckern, hey, und es trotzdem nicht geregelt kriegen, einen echten Schienenverkehr mit den Türkenbims auf die Beine zu stellen. »Brauchssu konkret Kickbox, Aldern?«

Irgendein Kumpel von Hassan hat immer auch 'nen gepimpten 3er-BMW in der Nähe geparkt, mit dem sie durch die Straße kreuzen und Schnecken gaffen können – »Siehssu dem Tuss?« (»Siehst du die junge Frau dort?«) –, wenn sie mal fußlahm geworden sind vom ständigen Markieren und Wichtigsein. Oder wenn die Frauen es nicht gepackt haben mit dem Einkaufen und sie selbst bei Aldi vorfahren, den Eingang blockieren und den Motor laufen lassen. Ey, sonst müssten Hassan und seine Kumpel die Tüten selbst um den Block und in den dritten Stock schleppen! »Geht nisch, Aldern.« Überhaupt: »Dem Ampeln is grun, abern wenn dem rot is, fahr isch trotzdem druber, isch schwör, Aldern!« Es gibt nur wenige Dinge, die einen Hassan aufhalten, aber wenn's ihm grad nicht passt, gehört eine rote Ampel nicht dazu. Macho-Päuschen vom kräftezehrenden Auftrumpfen und Sich-nix-sagen-Lassen machen sie dann in der Shisha-Stube und ziehen sich 'ne Pfeife Doppelapfel. Und dann träumt Hassan von seinem eigenen 3er, den er eines Tages haben will, wenn er denn mal fertig wird mit dem Schule.

Ethno-Marketing oder interkulturelles Marketing gewinnt zunehmend an Bedeutung, zumal Studien belegen, dass oftmals den jungen Migranten, besonders den jungen Türken, der Bezug zur Heimat wichtiger ist als der Generation ihrer Eltern. Automobil-, Kosmetik- und Handyhersteller, Banken und Lebensmitteldiscounter setzen mit spezieller Werbung auf die anderen Prestige-, Geschmacks- und Wertevorstellungen. So werden etwa PS-starke Autos vor einem Meer von roten Rosen abgelichtet.

Und dann sollen sie alle Kino kriegen – »Aldern, guggst du ya?« –, wenn er mit den megakorrekten Bassboxen im Viertel kreuzt, bevor's zurück in den Hangar geht (unter die Stadtbahnbrücke). Bis dahin ist er noch ein bisschen zu Fuß unterwegs und bewacht seinen Bürgersteig.

Rotzlöffelalarm auf dem Kindergeburtstag

Die eigentliche Herausforderung

Den allermeisten Eltern ist es nicht klar, wenn sie sich versonnen nach Nachwuchs sehnen und dann tatsächlich eines schönen Tages ein kreischendes Bündel im Arm halten, für dessen Aufzucht sie fortan zuständig sind: Aufzucht ginge ja noch – Bespaßen und Bespielen heißt die Herausforderung, Attraktionen ranschaffen! Und ganz oben auf der Liste der heftigen Anforderungen steht die Kindergeburtstagsfeier, jedes Jahr wieder, jedes Jahr schlimmer.

Im schwedischen Örebro machten sieben elf- und zwölfjährige Jungs, die mit dem geburtstäglichen Schnitzeljagdauftrag losgezogen waren, die Blätter von zehn verschiedenen Laubbäumen sowie fünf lustige Geschäftenamen zu sammeln, eine kleine Spritztour mit einem Schwenkbagger, den sie auf ihrem Weg an einer Baustelle »gefunden« hatten, wie sie später zu ihrer Entschuldigung hervorbrachten. Unaufmerksame Arbeiter hatten den Schlüssel stecken lassen. Die Tour endete im Schaufenster eines nahe gelegenen Hörgeräteakustikers, auch wenn die Buben sich ein besseres Zurechtkommen mit der komplizierten Lenkung zugetraut hatten.

Aber nun ist das Kind einmal da. Aussteigen – auch wenn sich das manches Elternteil zumindest manchmal und zumindest vorübergehend noch so doll wünscht – ist nicht vorgesehen. Also wird gefeiert, gefälligst! Jedes Jahr wieder. Aber wehe, da wiederholt sich was außer dem Datum!

Die harmlosen Anfänge

Die ersten zwei Jahre gehen in aller Regel noch. Da hat man es bei den Gästen vor allem mit verständigen Erwachsenen zu tun. Da leben noch die ganzen alten Tanten und Onkel, die man später gar nicht mehr einlädt, weil sie dann, falls sie überhaupt noch leben, einen Schwächeanfall erleiden würden und man auch keine zwei Sekunden mehr am Stück Zeit hätte, um ihnen eine Erdbeerschnitte oder ein Nussplunderteilchen auf den Teller zu schieben. Das Kind benimmt sich in den ersten zwei Jahren noch einigermaßen; es kapiert auch noch gar nicht, was da eigentlich vonstattengeht, glotzt niedlich, aber nicht ganz so schlau herum und heult, wenn das Händchen aus Versehen in die Cremeschicht gerät. Noch doller heult es, wenn dann jemand die Kerzen anzündet, weil es Angst vor den Flämmchen hat. Sehr niedlich. Aber das Beste ist: Es erwartet noch nichts. Es lebt in seliger Bedürfnislosigkeit und kennt die Preise von den Präsenten noch nicht.

In Chandler, Arizona, schnappte sich eine Gruppe Zehnjähriger, die die Geburtstagspartymum beim Riesenseifenblasenmachen wähnte, die Heliumgasflasche, die bereits für die Silberhochzeit der Großeltern in der Garage geparkt war, samt 150 silberfarbener Luftballons mit je einer aufgedruckten Margerite (ja, es war eine Spezialanfertigung), befüllte einen Großteil der Ballons und band diese an die

Hundehütte des Nachbar-Yorkshireterriers, die zum großen Jubel der Jungs tatsächlich abhob. Der Jubel erstarb, als der Knoten sich löste, sodass die Ballons gen Firmament trieben, während die Hütte den Hund erschlug.

Weiter geht's

Komplizierter werden die Kleinen schon ab dem dritten Geburtstag. Wer fünf kleine Besucher überleben möchte, sollte mindestens zwei andere Muttis einladen, die dann im Akkord umgeschmissenen Saft aufwischen, die Spülmaschine volladen oder auch mal eine vollgepieselte Hose wechseln. Einige Szenarien zur Auswahl:

Felix (4) schien sich am bunt gedeckten Tisch von Anfang an nicht recht wohlgefühlt zu haben. Jetzt hat er Papas Briefmarkensammlung entdeckt und schon drei Marken aus der Serie »Seltene Vogelarten« (Seychellen, 1972) aufgegessen. Seinen Schokokuchen hat er einmal angebissen auf dem Teller liegen gelassen.

Lena (4) im rosa Pannesamtkleid mit Krönchenapplikation heult, weil sie zu ihrer Mama will. Sie hat sich von dem Schreck, als Nico (5) beim Topfschlagen gar nicht mehr den Topf gesucht, sondern nur noch versucht hat, möglichst fest auf ihren großen Zeh zu klopfen, noch nicht wieder erholt. Nico heult auch, weil er erstens Lena so nervig in ihrem kotzhässlichen Kleid findet, zweitens länger gebraucht hat, den Topf zu finden, als seine Männerehre es verkraftet hat, und drittens gedacht hat, der dicke Buntstift unter dem Topf sei ein Laserkuli. Und die Farbe Gelb mag er auch nicht. Er war so runter mit den Nerven, dass er die Gastgebermutti vors Schienbein getreten hat. Die lächelt dünn und bereut es heftig, die ganze Bande nicht im nahe gelegenen Muschelmuseum abgegeben zu haben, wo willige Museumspädagogen sich mit den Kleinen abgegeben hätten. Oder auf dem rumpeligen Ponyhof, wo die Kinder sich mithilfe von Fingerfarben echte Indianerpferdchen hätten anmalen und dann zwei Runden auf dem Reitplatz hoppeln dürfen. Aber nein, stattdessen hat sie den Trupp selbst am Hals. Wenn sie wenigstens in Ruhe die Saftwürstchen fürs Abendessen mit Fähnchen schmücken könnte! Aber Schlaubischlumpf Cedric (5) aus der Vorschulgruppe, dem das Spielen anscheinend keine ausreichende Herausforderung bietet, steht neben ihr und erklärt ihr die Vorzüge der Rosellasittich- im Vergleich zur Grünzügelpapageienhaltung. Das hätten sie zu Hause ganz sicher herausgefunden: Der Grünzügel, der sowohl in Guayana, Brasilien und Südkolumbien als auch in Ostecuador sowie Peru vorkomme, sei weitaus pflegeleichter als der Rosellasittich aus dem Südosten Australiens und Tasmanien, der eine Höhle zum Schlafen brauche, nur Akaziensamen und Bockkäferlarven fresse und zu bestimmten Zeiten im Jahr so laut rufe, dass die Nachbarn schon mal die Polizei geholt hätten. Das habe seiner Mutter, die ohnehin nicht sehr belastbar sei – fände jedenfalls Cedrics Papa – fast den Rest gegeben. Er wolle sowieso lieber einen Bechsteinara aus Nicaragua, und den wolle er sich gern im Land selbst fangen und bei der Gelegenheit den Panamakanal ansehen, der sei nämlich 81,6 Kilometer lang und ... plötzlich guckt Cedric gar nicht mehr so schlau. Denn die Gastgebermama hat ihn einfach stehen gelassen, ist aufs Klo gegangen und seitdem dringen so merkwürdige Würgegeräusche nach draußen.

Wenn man dann jahrelang alle möglichen Themen durchgespielt hat, man sich also von einer Wolke Lillifee-Schwebemädchen, einer Horde wilder Ritter, einem Trupp unerbittlicher Detektive und einem Gespenstersturm den Marsch hat blasen lassen und wenn einem auch beim besten Willen kein Versteck und keine Aufgabe mehr für die neue Schnitzeljagd einfällt, die die Kleinen nicht nach sechs Minuten abgelaufen haben, wenn man gelangweilte Blicke ertragen hat, die ausgegebenen Preise mit verächtlichem Blick zurückbekommen hat und dem eigenen Kind total peinlich war, weil man die Party babymäßig aufgezogen hat – dann ist man verzweifelt genug – und vielleicht reif für die Profis. Je nach Finanzpotenz lohnt sich womöglich ein kurzes Nachdenken über »Immer fit mit Kleinkredit« – und dann steht einer gelungenen Feier nichts mehr im Wege: Wie wär's mit einem mittelalterlichen Gauklerfest, Tanzbär und Spanferkelgrill inklusive? Sie können aber auch statt dieser schnarchigen Luftballons einfach mal 500 Schmetterlinge aus einem rosa Riesenbonbon, das eine echte Fee herbeiträgt, aufsteigen lassen. Oder ein Schlossfest à la Versailles mit Feuerwerk, Orchester und Maskenball veranstalten. Ist doch egal, dass die Kinder noch gar nicht wissen, was Versailles ist. Die verkleiden sich doch so gern! Und wer richtig was auf sich hält, wartet nicht mehr ein Jahr bis zur nächsten Sause, sondern organisiert zum Halbjahresgeburtstag die alkoholfreie Molekularbiococktailparty. Das haben Violas Eltern schließlich vor Ostern auch so gemacht.

In Würzburg musste schließlich die Polizei eine hoffnungslos überfüllte Wohnstraße abriegeln und ein privates Wohnhaus räumen, nachdem eine 15-Jährige über Facebook die Einladung zu ihrer Geburtstagsfeier verbreitet und vollkommen unterschätzt hatte, welchen Ansturm sie damit auslösen würde. Die Renovierung des Hauses nahm einige Zeit in Anspruch.

Nervensäge Typ 3: Der neunmalkluge Schlaubischlumpf

Der neunmalkluge Schlaubischlumpf zeigt kaum Interesse an alterstypischen Aktivitäten. Gleichaltrige Artgenossen lässt er unbeachtet an sich vorbeiziehen. Der gemeine Schlaubischlumpf lauert auf Menschen, die ihm einigermaßen gewachsen scheinen. Auf die stürzt er sich dann wie ein ausgehungerter Velociraptor, drängt sie gegen die Wand, nimmt ihnen jede Aussicht auf Flucht und dann erstickt er seine Beute qualvoll, indem er sie ungefragt und ungebremst mit seinem naturwissenschaftlichen Erwachsenenwissen überschüttet, bis die Opfer regungslos liegen bleiben. Maxim ist so einer. Beim Abholen im Kindergarten bin ich heute unvorsichtigerweise in seine Fänge geraten – in die erbarmungslosen Fangarme des lispelnden, hochbegabten Vierjährigen, der nicht umsonst in Kindergarten-Kreisen »Il profethore« genannt wird.

»Die erthten Dinothaurier gab eth vor thweihundertachtundvierthig Millionen Jahren«, legt er unvermittelt los. *»Der Velothiraptor war der aller, aller thnellthte Räuber. Er konnte bith thu thechthig Kilometer pro Thtunde laufen und thein langer Thwanz ermöglichte ihm hathtige Wendemanöver!«* – »Auf einen langen Schwanz kann ich gut und auch gerne verzichten – aber an meinem hastigen Wendemanöver sollte ich wirklich arbeiten!«, denke ich und zwinge mich, ein verkrampftes »Wow!« zwischen den Lippen hervorzupressen.

»Er hatte eine Thichelkralle«, geht es schon weiter, *»damit konnte er theine Beute therfetzthen!«* (»Vorsicht! Ich habe

eine berühmtberüchtigte Hammerzehe – du darfst sie aber auch Digitus malleus nennen, profethore!«, denke ich.)

»Aber der Tyrannothauruth Rexth war dath gefährlichthte Raubtier, dath es jemalth gegeben hat – er wog thechth Tonnen und tötete theine Beute mit theinen fünf Thentimeter langen thägeartig gethackten Thähnen!« – »Nicht zu fassen!«, murmele ich. *»Dath dachte ich mir thon, dath thie dath überratht«*, kommentiert Maxim meine geheuchelte Fassungslosigkeit und legt dann ohne Gnade weiter los: *»Der Tritheratopth hatte ja Hörner im Gethicht, die über den Augen waren, thwei Meter lang ...«*

Sobald »Dr. Dino« merkt, dass ich seinen Ausführungen nicht wirklich folge, beginnt er, mir themenbezogene Sachfragen zu stellen. Gekonnt nimmt er etwas Fahrt aus seinem Redefluss, spricht mich mit korrektem Namen an, was die ganze Sache noch aufdringlicher und übergriffiger macht, und fragt mich mit erhobenem Schulmeister-Zeigefinger: *»Wath vermuten thie, Frau Thmidt-Ganghofer, thind die Dinothaurier ausgethtorben, weil ein Meteorit eingethlagen ith oder weil Vulkane authgebrochen thind?«* Maxim wartet nicht auf meine Antwort. Er wollte sich ja auch nur geschickt meine Aufmerksamkeit zurückerobern – darum geht es auch gleich mit seinem nächsten Lieblingsthema weiter. *»Bei Vulkan fällt mir gerade ein: Wuthten thie, dath eth weltweit tauthendfünfhundert aktive Vulkane gibt, Frau Thmidt-Ganghofer? Wath thätzen thie – wie viele Authbrüche werden jährlich regithtriert? Thind eth a: 100 bis 200? Oder b: etwa 50 bis 60 ...?«*

»Habe ich meinen Telefonjoker noch?«, höre ich mich sagen. »Ich möchte jemanden anrufen – dringend!«

Warum nerven uns die altklugen Schlaubischlümpfe so? Seltsamerweise sind es meistens Jungs, die besonders penetrant und völlig empathiefrei klugscheißen. Je jünger sie sind, desto befremdlicher finden wir natürlich ihre reife Ausdrucksweise, ihre profunden Kenntnisse und ihr lehrmeisterisches Erwachsenengehabe. Rekorde, technische Daten und Riesenzahlen, die meine Vorstellungskraft komplett übersteigen, sind ihr Lieblingsgebiet.

Neulich im ICE platzierte mich das Schicksal neben Justus und seine Eltern. Justus hatte sich die ICE-Fahrt zum Geburtstag gewünscht. Er wurde an diesem Tag sechs Jahre alt. Sein mitgebrachter Geburtstagskuchen interessierte ihn nicht die Bohne. Ihn beschäftigten nur die technischen Daten des Zuges. Davon redete er, seit er zugestiegen war – laut, erregt und ohne Unterbrechung. *»Der Zug fährt jetzt mit einer durchschnittlichen Geschwindigkeit von 180 Stundenkilometer. Würzburg liegt 43,45 Kilometer hinter uns, 85 Grad in südöstlicher Richtung. Der Zug liegt gut in der Zeit. Wenn es zu keinen Zwischenfällen kommt, werden wir unseren Zielbahnhof in 2 Stunden 42 Minuten und 25 Sekunden erreichen. Nächster Halt: Fulda«*, sagte er zu mir gewandt, *»dort haben Sie Anschluss zu folgenden Zügen: Auf Gleis 1 steht der Regionalexpress ...«*

Mein Mund stand seit Würzburg offensichtlich vor Staunen peinlich weit offen – ich spürte bei Kilometer 56,7 meinen Unterkiefer auf der Brust aufdotzen, und meine Kaugelenke fingen bereits an zu schmerzen. Leider musste ich in Fulda gar nicht umsteigen, obwohl mir der Gedanke komischerweise gar nicht so schlecht gefiel. Der kleine Schienenverkehrsexperte kommentierte die Zugfahrt im Redetempo eines Radiofußballreporters, aber mit der Spritzigkeit einer unterfränkischen Biobackwarenverkäuferin. Ich fühlte mich komplett gerädert. Justus Eltern saßen völlig teilnahmslos da. Sie gönnten ihrem Sohn die Freude an der gelungenen Geburtstagsüberraschung, vermieden es aber vorsorglich, sich mit den fassungslosen Gesichtsausdrücken der anderen Mitreisenden zu konfrontieren, die anfingen, nervös an den Lautstärkereglern für die Durchsagen des Zugbegleiters zu schrauben und sich nach unentdeckten Lautsprechern umzusehen, aus denen es vermeintlich tönte: »*In 12,46 Minuten wird der ICE 3 der Baureihe 407, Antrieb: achsreitendes Getriebe mit Bogenzahnkupplung zwischen Gestellmotor und Ritzelwelle, Höchstgeschwindigkeit: 330 Stundenkilometer bei Wechselstrom, Drehzapfenabstand: 17 375 Millimeter, mit einer Geschwindigkeit von 210 Stundenkilometer, aus Hannover kommend, an uns vorbeifahren.*«

Ich gab meinen Plan endgültig auf, die Fahrt für meine Lektüre zu nutzen, auf die ich mich schon so gefreut hatte, und ließ mein Buch resigniert in den Schoß sinken. Justus Mutter hielt mir, ohne mich dabei anzusehen, ein Stück des liebevoll verzierten Geburtstagskuchens hin. Sie wollte wenigstens mich ruhigstellen und auf keinen Fall eine erziehungstechnische Empfehlung von einem Außenstehenden reingereicht bekommen – sollte das wohl bedeuten. Wortlos nahm ich das Angebot an, war aber kurzzeitig dazu verleitet, mir mit dem Napfkuchen vorzugsweise die Gehörgänge abzudichten. *In zwei Stunden, 3 Minuten und 15 Sekunden erreichen wir den Landrückentunnel. Mit einer Länge von 10 779 Meter ist er der längste Eisenbahntunnel Deutschlands. Er ist für eine Höchstgeschwindigkeit von 250 Stundenkilometer ausgelegt*«, meldete Justus gerade. »*Am 26. April 2008, um 21:04 Uhr entgleiste dort der ICE 885 im Bereich der Weiche 602 mit einer Geschwindigkeit von 174 Stundenkilometer, weil der Zug in eine Schafherde raste.*« Und was soll ich sagen, ich stieß ab »*8,25 Minuten Fahrtzeit*«, da waren es noch »*124,0945 Minuten*« bis zu besagtem Tunnel, die ersten Stoßgebete in den Himmel, es mögen sich doch auch heute Schafe finden, die sich opfern würden, um dieser Höllenfahrt ein Ende zu machen. Als mein Flehen nicht erhört wurde, entschied ich mich, »*95,21 Minuten vor der Einfahrt*«, dafür, meinen teuren Platz, den ich fast ein Jahr vor dieser Fahrt gebucht hatte, aufzugeben, und verbrachte die restlichen drei Stunden im Gang – stehend – neben der müffelnden Toilette!

Warum kommen wir besser damit klar, wenn uns ein Kind mit fünf Jahren zum tausendsten Mal ein Sandförmchen unter die Nase hält und es erst von uns ablässt, wenn wir zum x-ten Male »Mmmm, lecker« gesagt haben, als wenn es uns über die durchschnittliche Tauchtiefe von Blauwalen aufklärt? Warum finde ich »Wauwau-Spielen« mit meiner Nichte Pipa keine Zeitverschwendung und warum stelle ich sofort die Funktionstüchtigkeit meiner Uhr infrage, wenn mein achtjähriger Neffe Marius ansetzt, von Neutronensternen zu erzählen, und mich detailliert darüber in Kenntnis setzt, dass nach der Supernova unserer Sonne in etwa 5,5 Milliarden Jahren kein schwarzes Loch, wohl aber ein weißer Zwerg entstehen wird, dessen Materie so stark verdichtet ist, dass ein Löffel davon so viel wiegen würde wie unsere Erde heute? – Das ist eigentlich schon faszinierend. Ich will aber nicht, dass sich Kinder wie Erwachsene gebärden und mich vielleicht sogar auch noch abfragen und belehrmeistern. Freilich fühle ich mich ertappt, dass ich ganz offensichtlich über weniger naturwissenschaftliches Wissen und technisches Interesse verfüge als diese Bonsai-Einsteins – aber mir geht mehr diese uneinfühlsame Aufdringlichkeit auf den Senkel. Ich fände es mindestens so lästig, wenn mich ein Erwachsener beim Abholen meiner Tochter im Kindergarten unver-

mittelt mit seinem Wissen über Raketenantriebtechnik über-
schütten würde. Ja, ich gebe zu, ich brauche ganz schnell
einen Ausgleich zu dem zwölfjährigen Weltretter Felix Fink-
beiner, der, wie ein zu heiß gewaschener Politiker, vor der UN
seine auswendig gelernten Sätze zur Wirtschaftssystemkri-
se rausparolt, Klimaungerechtigkeit anprangert und mich mit
einem Affen vergleicht, der lieber jetzt eine Banane haben
will als übermorgen Sex. Ja, er hat natürlich »s e c h s« Bananen gemeint – aber das ist es ja – diese Kinder sind so
erschreckend ernsthaft. Ich wünschte mir mehr Spontanes,
Heiteres – einfach unbekümmerte, kindliche Freude! Selbst
wenn sich der schlaue Felix sehr vorbildlich und äußerst erfolgreich für den Klimaschutz engagiert – ich will lieber stink-
normale Kinder um mich! Naive, kleine Dumpfbacken, die
Aua haben und Stinki machen und die wie ein Ferkel quietschen, wenn man sie durchkitzelt. Die mich als Autorität respektieren und die mir das Gefühl geben, nicht umsonst jahrelang Trivial-Pursuit-Fragekarten auf der Toilette auswendig
gelernt zu haben.

Besonders anspruchsvolle Eltern, die höchste Erwartungen
an ihre eigenen Nachkommen stellen, deren vierjährige Söhne aber leider nur durchschnittlich intelligent sind und deswegen gerade mal halbwegs die Zahlenreihe bis zehn run-
terstammeln können, wenn sie von ihren ehrgeizigen Eltern
dazu genötigt werden, diese Eltern sind nicht nur von Schlau-
bischlümpfen genervt – Begegnungen mit Exemplaren dieser
Spezies stürzen sie regelrecht in eine Sinneskrise. Sie geraten in Panik, beim persönlichen Kleinkindertuning irgendetwas versäumt zu haben, um nun auf der Autobahn des
Lebens unwiederbringlich von den »Fasttrackkids« auf die
Standspur der Bedeutungslosigkeit abgedrängt zu werden.
Noch in derselben Minute werden die Versager zu Physik-

workshops und Rhetorikseminaren angemeldet und 20 verschiedene Kinderlexika bei Amazon bestellt.

So eine ergebnisorientierte Eislaufmutti ist auch Veits Mutter, die gerade eben von Maxim in Beschlag genommen wird. Sofort erzählt ihr »der Profethor« von seiner selbst konstruierten Nebelmaschine. Es geht um *»kondenthierenden Glykolendampf«* – oder so, als ich mich mit meiner Fünfjährigen vorsichtig an ihnen vorbeischleichen möchte. Ich höre Veits Mutter übertrieben laut verkünden (und dabei werde ich irgendwie das Gefühl nicht los, dass die Ansage eigentlich mir gilt): »Das ist ja alles gut und schön, Maxim. Ich muss jetzt aber ganz schnell mit Veit nach Hause. Er möchte noch seinen Leserbrief an *Die Zeit* fertig schreiben. Veit ist nämlich ein schwerwiegender Fehler in der letzten Ausgabe aufgefallen. Auf dem Bild der untergehenden Titanic auf Seite 39 raucht der vierte Schornstein ...« – »*und der darf nicht rauchen, weil auf Seite 22 steht, dass der nur zur Belüftung da war!*«, fällt ihr Veit ins Wort. Mit diesem Satz hatte er heute schon einmal bei seiner anspruchsvollen Mutter Eindruck schinden können. Beifallheischend blickt der kindergartenbekannte Nautikspezialist zu seiner Mutter hoch und prompt streicht sie ihm anerkennend über die Denkerstirn. »Ist diese Unachtsamkeit der Zeitung nicht unglaublich, Maxim?«, hakt sie nach und kontrolliert schnell mit einem Seitenblick, ob ich auch wirklich die Heldentaten ihres Sohnes mitbekommen habe und angemessen beeindruckt bin. »*Dath dachte ich mir thon, dath thie dath überratht, Frau Thicketanth!*«, macht sich Maxim wieder wichtig.

»Bis morgen!«, sage ich schnell. »Wir müssen husch, husch in die Heia gehen und Bubu machen – mach schön Winke, winke, Valentina!«

Wandrers Nachtlied für Schlaubischlümpfe

Oberhalb der *Fagetalia sylvaticae* tendiert die Summe der Schallereignisse gegen null. Durch die Aneinanderreihung aller möglichen aleatorischen Ereignisse errechnet sich die zwangsläufige Wahrscheinlichkeit, diese Exkursion in den deutschen Mischwald nicht zu überleben, unter Berücksichtigung der geschlechtsspezifischen Lebenserwartung, durch:

$m/f \times {}^* N/365 < 100\,\%$.

Für den Abgleich das Original:

Über allen Gipfeln ist Ruh' (Wandrers Nachtlied)

Über allen Gipfeln ist Ruh',
In allen Wipfeln
Spürest du
Kaum einen Hauch;
Die Vögelein schweigen im Walde.
Warte nur, balde
Ruhest du auch.

Rotzlöffelalarm bei den Gesprächen mit dem erwachsenen Gegenüber

Erwachsener sagt ...	... meint aber tatsächlich
»Kann ich jetzt bitte mal deine Mama sprechen?«	Mir reicht's; ich hab keine Lust, mir länger dein vorlautes Geplapper anzuhören.
»Das stimmt nicht so ganz.«	Das ist kompletter Unfug.
»Wollt ihr nicht ein bisschen rausgehen?«	Erlöst mich und geht mir wenigstens ein halbes Stündchen aus den Augen.
»Da hast du dir aber toll Mühe gegeben!«	Tja, Mühe allein reicht nicht. Die Ausstecherle sehen aus, als sei ein Nilpferd drübergetrampelt.
»Das sieht aber sehr, sehr hübsch aus, was du da gebastelt hast!«	Oh Gott, schon wieder so ein unterirdisch hässliches Bastelgekröse, das ich mir aus Anstand mindestens ein halbes Jahr in die Küche hängen muss.
»Da hast du dir aber schöne neue Anziehsachen ausgesucht, als du gestern mit Mama in der Stadt warst.«	Hoffentlich wird der Lehrerin bei deinem Anblick nicht schlecht.

»Da hast du dir aber schöne Anziehsachen ausgesucht. Aber heute ist es kalt, soll ich dir eine Jacke zum Drüberziehen leihen?«	Wenn du so in der Schule ankommst, ruft die Lehrerin das Jugendamt.
»Hast du's jetzt verstanden, was ich dir erklärt hab?«	Mein Gott, wie schwer von Begriff kann denn so ein Kind sein?
»Musst du vielleicht mal aufs Klo?«	Hauptsache, der pupst mir nicht wieder das ganze Wohnzimmer voll.
»Schmatzt du bitte nicht so beim Essen?«	Von wem hat er nur die Bierkutschergene?
»Putzt du dir bitte endlich die Nase?«	Oder willst du, dass mir schlecht wird?
»Das macht doch nichts, die Kirschsaftflecken kriegen wir bestimmt raus aus dem neuen Mohairteppich.«	Wenn die Mutter jetzt nicht sofort anbietet, den Schaden über die Haftpflichtversicherung zu regeln, brech ich den Kontakt ab.
»Hörst du bitte auf, mit dem Stuhl zu kippeln?!«	Merken deine Eltern denn nicht, dass man mit dir nervösem Wrack längst zum Arzt müsste?
»Willst du nicht zu all dem Kuchen auch ein bisschen Obst nehmen?«	Meine Güte, ist der Kleine mit neun Jahren schon fett!

»Ich fänd es ja schöner, wenn ihr auch mal ins Theater gehen würdet.«	Jetzt blasen die sich schon wieder das Hirn mit irgendeinem Splattermovie weg.
»Muss es denn unbedingt genau der Hilfiger-Hoodie sein?«	Wie öde, die Kinder sehen alle gleich aus.
»Da hat dir der Papa aber eine schicke neue Frisur geschnitten!«	Nee, oder? Das ist nicht deren Ernst, dass die ihr Kind mit dem Prinz-Eisenherz-Pott auf die Straße lassen?
»Kann ja jedem mal passieren!«	Du Trampel!
»Nein, zwei Kugeln für jedes Kind, mehr gibt's nicht.«	Verwöhntes Balg!
»Komm weiter, sonst verpassen wir die U-Bahn!«	Diese Trantüte macht mich wahnsinnig!
»Lass dich nicht entmutigen von der Fünf. Bis zur nächsten Klassenarbeit hast du Wochen Zeit, um mehr zu lernen.«	Ich fürchte ja, sie ist zu faul und zu doof.

Nervensäge Typ 4:
Der Moppelige

Eins gleich mal vorab: Dieser Typ nervt, indem er eigentlich Mitleid hervorruft. Vielleicht macht er uns sogar ein bisschen fertig ... ehrlich gesagt, komm schon, wir wollen die Sache beim Namen nennen, weil man denkt: »Großer Gott, die arme Sau!«

So jung noch – und schon so eine Wampe. Keine Hose sitzt, kein T-Shirt sieht cool aus, dafür hat er als Einziger Schweißflecken unter den Armen. Dieser Typ muss keinen Ton sagen – und ist doch gleich das Opfer. Und das wird gehänselt, bis der Arzt kommt. Oder eben die Kalorientröster. Frust frisst. Und Frust ist gar kein Ausdruck, wenn einem »Blutgruppe Nutella« angedichtet wird und wenn man Happyfant oder Puddingdampfer, Biotonne oder Knödelfee, Pommespanzer oder Hüpfburg genannt wird. Oder Topmoppel. Was besonders fies ist, wenn die anderen Mädchen gerade wieder diesen wiegenden Gang proben und nur noch mit Handtasche in die Schule kommen, die sie lässig in der Armbeuge hängen haben. Und die Klassennudel wogt um die Ecke ...

>»Du, Panzersperre, geh doch mal zur Seite, der Krieg ist vorbei!«

Bevor auch nur die Werbung losgeht, hat das Moppelkind im Kino bereits anderthalb Liter Fanta getrunken. Und raschelt ständig mit irgendwelchen Weingummitüten in Party-

Size rum, obwohl es so was von keine Party um sich rum hat, sondern eher allein sitzt. In der Schule geht das mit dem dauernden Schlürfen und Mampfen nicht so gut.

Da ist es erstens nicht dunkel, zweitens ist der Unterricht kein Film, bei dem man sich hemmungslos vollhauen kann, und drittens gucken da die Mitschüler so blöd.

Wenn Pause ist, hält es in der Hand ein Nutellabrot und schielt schon nach den Schokoriegeln hinter der Schiebeglasscheibe vom Hausmeisterkabuff.

Und im Sportunterricht sitzt dann die Hose spacke und das Warmlaufen sieht ein bisschen so aus, als würde auf dem Walrossfelsen das große Platztauschen losgehen. Mit dem Unterschied, dass die Walrösser recht zufrieden wirken und als ob das alles sehr schön seine Richtigkeit hätte mit dem Speckmantel, der sie umgibt, dort auf dem nackten harten Felsen, bevor sie wieder abtauchen, um ein paar Muscheln von den Nordmeerriffen zu hacken. Und falls gelegentlich ein Eisbär des Weges kommt, kann der so einer dicken Walrossschwarte selbst mit noch so furchterregenden Zähnen nichts anhaben.

Das Moppelchen in der Sporthalle hingegen braucht seinen Speckmantel nicht, denn weder sind wir am Nordmeer noch gibt es Eisbären, noch funktionieren die Heizungen nicht, und den Schokoriegel mit extrakalorienreichem Karamellkern kriegt Specki ohne große körperliche Anstrengungen, er muss ja nur dem Hausmeister Bescheid sagen und 70 Cent rüberschieben. Das Walross muss da erheblich mehr Einsatz bringen.

»McDonald's hat grad angerufen, deine Mutter steckt schon wieder in der Rutsche fest.«

Tief in seiner Kinderseele weiß Moppel das sehr genau. Und falls er's mal vergisst, erinnern ihn die anderen Kinder daran, wenn sie ihn beim Mannschaftenwählen nicht so gern haben möchten, weil er ja nicht so gut vorankommt auf dem Handballfeld. »Okay, dann nehmen wir noch den Malte«, heißt es dann irgendwann. Wenn Malte Glück hat, das heißt, wenn Leon wählen darf oder eins von den lieben Mädchen. Danilo oder eine von den Zicken ist weniger rücksichtsvoll und mault: »Ooooh, und wir müssen wieder den Dicken nehmen!«

Da hätte Mama aber dringend besser aufpassen müssen und nicht immer diesen Blödsinn aus dem Supermarkt mitbringen dürfen, diese fettigen Käsebällchen und die Nougatkaramelltörtchen und die ganze süße Limo. Und wenn's mal was Gesundes gibt, steht Weißtoast, Mortadella und Fleischsalat mit Mayo auf dem Tisch. Aber Mama würde bei den Walrössern selber als Überlebenskünstlerin durchgehen. Bei den Walrössern. Aber nicht bei den anderen Muttis, von denen bedrückend viele streng auf ihre Linie achten (und die ihrer Kinder) und die ihr immer so vielsagende Blicke zuwerfen, von wegen: Tut mir ja irgendwie leid, aber vor allem find ich's schwach, denn man kann sich doch ein bisschen zusammenreißen und mehr Sport treiben – also, dass die sich überhaupt *wohlfühlt*. Das nervt die dicke Mutti und macht sie traurig. Umso mehr, wenn sie sieht, dass ihr Sohnemann ihr verdammt ähnlich ist. Und wenn sie dran denkt, wie wütend er werden kann, wenn sie ihm mal nicht noch eine Tüte Knuspererdnüsse im Kräckermantel geben will. Wie er sie dann anguckt, fast so, als habe jetzt nicht mal mehr sie ihn lieb, wo doch alle schon fies zu ihm sind. Und dann überkommt sie das miese schlechte Gewissen. Und sie nimmt sich vor, ganz viel sehr viel besser zu machen in Zukunft. Das wird Entbehrungen bedeuten. Hach, und da kriegt sie ein noch schlechteres Gewissen und denkt sich: »Komm, heute Abend machen wir es uns noch mal richtig gemütlich. Im Schrank sind ja noch ein paar von den Sahnetoffees, die er so gern mag; dann kann er mal abschalten von dem ganzen Stress in der Schule. Und mein Tag war auch anstrengend. Da werden doch ein, zwei Griffe in die Smoky-Bacon-Chips-Tüte gestattet sein.«

Sagt die Dicke: »Mann, wenn man Sie so sieht, könnte man meinen, es wäre eine Hungersnot ausgebrochen!« Sagt die Dünne: »Und wenn man Sie so sieht, könnte man meinen, Sie wären schuld daran!«

Wenn das Selbstbewusstsein weit unten im Keller ist, besteht für dicke Mädchen, aus denen fette junge Mädchen werden, eine erhöhte Gefahr, vor lauter Nicht-dabei-Sein, wenn die anderen Mädels sich das erste Mal verlieben, das erste Mal verehrt werden und womöglich ihren ersten Freund haben, zur Dorfmatratze zu werden, die dann mal für wenige Stunden der Illusion erliegen darf, da gäbe es jemanden, der sie gut findet. Wenn nämlich nach reichlich Bierkonsum einer der Halbstarken jede hübsch findet, aber eben nur die eine abbekommt. An die er sich am nächsten Morgen nur ungern erinnert. Das ist so frustrierend, dass die Matratze der letzten Nacht garantiert eine extragroße Packung Toffees und einen

Sahnewindbeutel braucht, um halbwegs ins Lot zu kommen. Bis zum nächsten Fest der freiwilligen Feuerwehr.

Ihr männliches Pendant schrubbt sich jede Nacht einen, übernimmt eventuell die Rolle des vermeintlich gut gelaunten Gruppenkaspers, der ja gar nicht an den Mädels interessiert ist, und ertränkt seinen Frust in zu viel Radler. Immerhin, denkt er dann, sind die Zeiten vorbei, als er, um Freunde zu haben, alles gemacht hat, was ihm die Klassenkameraden so vorgeschlagen haben: Malwasser trinken, Regenwürmer essen, auch mal 'ne tote Fliege, gegen den Elektrozaun pinkeln oder die Zunge im Januar an den eisigen Pfahl vor Heckenbihlers Apotheke halten.

Dann schon lieber joviale Witze reißen.

Wieso können Dicke nicht ungestört am Strand liegen? Weil sie sonst von Greenpeace wieder ins Wasser gezogen werden.

Rotzlöffelalarm bei „Deine-Mudda"-Witzen

Dass die eigene Mutter verspottet wird, fanden die Menschen überall und zu allen Zeiten unschön. Ein Finne beispielsweise achtet in aller Regel seine Mutter, auch ein Kanadier möchte, dass seiner Mutter mit Respekt begegnet wird, auch ein Deutscher reagiert empfindlich, wenn jemand über seine Mutter herzieht. Aber die Sache hat eine neue Dimension gewonnen, seitdem Gesellschaft und Kultur von einer zunehmenden Zahl von Migranten geprägt werden, die der eigenen Mutter gegenüber eine für unser Gefühl geradezu überhöhende Verehrung an den Tag legen. Je mehr eine Person oder eine ganze Gesellschaft zum »Mutterkult« neigt, desto eher greift sie auch im Konfliktfall zum Mittel der »Mutterverwünschung« des Gegners – man greift da an, wo man selbst empfindlich ist. Frauen dieser Ethnien, etwa Perserinnen, Araberinnen, Türkinnen, gehören zudem zu den Volksgruppen, bei denen Frauen eher selten und wenn, dann oftmals verschleiert in der Öffentlichkeit auftreten. Quasi eine optische No-go-Area. Erst recht eine thematische, zumal für Fremde. Diese Umstände haben zwei Phänomene begünstigt: erstens die Entstehung unzähliger »Deine Mudda«-Witze, zweitens die Entstehung eines verbalen Warnschusses unter Jugendlichen: »Deine Mutter!« Denn schon allein die Erwähnung der »Mudda« des Gegenübers bedeutet einen Übergriff, eine Anmaßung und steht für die bedrohliche Andeutung: »Ey, ich weiß alles, mir machst du nichts vor!« Wer dem anderen mit einem »Deine Mutter!« begegnet, verhält sich aggressiv, tendenziell demütigend, demonstriert Überlegenheit, denn – und da schließt sich der Kreis zu den Witzen – was es über die »Mudda« zu wissen gibt, ist nichts Schmeichelhaftes, ganz im Gegenteil, angedeutet wird damit irgendetwas wie: Du Opfer, deine Mutter ist fett, dumm, peinlich, sexuell weit freizügiger, als es sich gehört, eine Unterschichtenfrau, deren Kind von Geburt an nur ein Versager, ein Verlierer, ein Gesichtsloser sein kann.

Hier einige Beispiele von „Mudda-Witzen":

- Deine Mudda ist so fett, sie ging in ein Restaurant, guckte sich die Speisekarte an und sagte: »Okay!«
- Deine Mudda ist so hässlich, wenn sie strippt, bekommt sie Geld, damit sie sich wieder anzieht.
- Deine Mudda fragt bei Amazon nach einer Kundentoilette.
- Wenn deine Mudda auf dem Bauch liegt, bekommt sie Höhenangst.
- Deine Mudda kippt beim Joghurt mit der Ecke die große Ecke in die kleine.
- Deine Mudda ist so dumm, sie hat versucht, M&Ms alphabetisch zu ordnen.
- Deine Mudda ist so dumm, die sitzt auf dem Fernseher und guckt Sofa.
- Deine Mudda ist soooo fett, wenn sie sich auf die Waage stellt, wird deine Handynummer angezeigt.
- Deine Mudda ist Linksträger.
- Deine Mudda steht vorm KiK und schreit: »ICH BIN BILLIGER!«

- *Deine Mudda ist so fett, sie benutzt Google Earth, um Passfotos zu machen.*
- *Deine Mudda ist so dumm, die will bei Apple Obst kaufen.*
- *Deine Mudda hat so lange Achselhaare, dass es aussieht, als hätte sie zwei Hippies im Schwitzkasten.*
- *Deine Mudda bellt, wenn es klingelt.*
- *Deine Mudda macht hinterm Aldi Armdrücken um Flaschenpfand.*
- *Deine Mudda arbeitet auf 'nem Fischkutter als Gestank.*
- *Deine Mudda lispelt beim Chatten.*
- *Deine Mudda ist so dumm, die rennt dem Müllwagen hinterher und schreit: »KAMELLE«.*
- *Deine Mudda pult Erdnüsse bei Snickers.*
- *Deine Mudda ist so hässlich, ihr Nacken sieht aus wie zwei Hotdogs.*

Diese Witze erklären sich aus einem auf der ganzen Welt verbreiteten Phänomen der Jugendkultur, das seinen Anfang wahrscheinlich in den USA der Fünfzigerjahre hatte, als afroamerikanische Jugendliche in den Highschools versuchten, sich gegenseitig zu übertrumpfen (»Yo Mama«), bis dem Gegenüber keine Antwort mehr einfiel. Der Ursprung wird in dem Drang gesehen, die eigene Männlichkeit und Virilität unter Beweis zu stellen, indem die gesamte weibliche Verwandtschaft des Gegners, auch Großmütter, Tanten und Schwestern, als unwürdige und leicht zu habende sexuelle Beute hingestellt wird.

Nervensäge Typ 5:
Der Super-Mario

»It's-a-me, Mario!« Selbstverliebt drehen sie sich nur um sich selbst und ihre Belange. Sie erwarten ungeteilte Aufmerksamkeit, wollen immer »Erster« sein und ihre Nerven liegen blank, wenn sich abzeichnen sollte, dass sie bei einem Spiel als Verlierer hervorgehen könnten.

»Super-Marios« nennt die Kindertherapeutin Sieglinde G. die kleinen Protzbeutel, die gerne in Heldenrollen schlüpfen und die, zur Verteidigung ihres Reviers, sicherheitshalber niemals unbewaffnet außer Haus gehen. Von gnadenloser Selbstüberschätzung beseelt, sind die Terminatörchen nicht in der Lage, ihre Fähigkeiten objektiv richtig einzuordnen. Wie ihr namensgebender Nintendo-Held beherrschen sie zwar die Stampfattacke und den kurzzeitigen Flatterflug in Perfektion, sie bilden sich aber auch ein, ebenso einen Raketenrucksack zu tragen und bei Bedarf jederzeit fliegen oder unsichtbar werden zu können. Selbstverständlich könnten sie auch Langstrecken tauchen, Gegner vereisen und Hindernisse jeder Höhe überspringen oder gar durchbeißen. Kein Thema! Die Größenwahnsinnigen finden dagegen alles »babysch«, was ihnen das reale Leben abverlangt. Und das nur, weil sie seit Kurzem einigermaßen stubenrein sind, ein Reißverschluss-Zumachversuch schon einmal beinahe geklappt hätte und sie den ersten Buchstaben ihres Vornamens krakeln können.

Seit ein Fünfjähriger aus den USA als Superman verkleidet von dem Balkon seines Elternhauses sprang, müssen diese Karnevalskostüme mit folgendem Warnhinweis versehen sein:

»Das Tragen dieses Kostüms verleiht keine Flugkräfte.«

»Guck mal, was ich schon kann!«, ist Raffaels Lieblingssatz. »Ich kann mit Lichtgeschwindigkeit Bobby-Car fahren!«, behauptet er heute, und dann erwartet Häuptling Knallfrosch von einem, dass man stundenlang neben ihm stehen bleibt und einen Bauklotz nach dem anderen staunt, wenn er vollkommen ungelenk auf seinem Rutschauto die Einfahrt entlanggeeiert kommt.

Sprücheklopfer Valentin möchte ein begeistertes »Ooooooooh!« von einem hören, weil er sich doch tatsächlich heute mal getraut hat, ungesichert von der 12 Zentimeter hohen Bordsteinkante in die schwindelnde Tiefe zu springen. Wenn man, ob seines Heldenmutes, nicht stante pede ausflippt vor Begeisterung, dann schießt er einen tot oder man kommt zumindest an den Marterpfahl.

Einige Super-Marios drohen in begeisterungsmageren Situationen auch mal gerne mit ihrem Vater! So wie der Testosteronkobold Oskar, der dann behauptet, sein schmächtiger, käseweißer Papi wäre der stärkste Mann der Welt, der angeblich Handschellen zu Hause hat (das könnte man sich bei dem bildschirmgebräunten Lurch sogar fast vorstellen) und der jeden ins Gefängnis bringen würde, der Giganto-Oskar irgendwie nicht ernst nimmt. Ja, Freunde! Da kann man es schon mit der Angst kriegen!

Kampffussel Victor, der Grobmotoriker vor dem Herrn, der sich kürzlich mit einem Taschenmesser unfreiwillig selbst verstümmelte, berichtet besonders gerne von seinen Heldentaten. Man sieht ihn nur in Ritterrüstung, in grell reflektierender Feuerwehrjacke oder mit echter Polizeikappe. Er hat schon mit Drachen gekämpft, einen furchtbar bösen Räuber verhaftet, Zugbrücken gesprengt und einen Säbelzahntiger kaltgemacht. Nachts schläft der fünfjährige Victor dann vollbewaffnet bei seinen Eltern, weil sich unter seinem Bett ganz sicher mehrere Monster eingenistet haben. Aber um vier Uhr morgens ist Victor wieder ganz der Alte und bereit, mit seiner Plastik-Pumpgun Mitmenschen aller Art zu erschrecken.

Freilich sind die Superhelden fassungslos, wenn man ihnen einen Wunsch abschlägt. Sie wissen, was dann passiert! Jeder kennt die Super-Marios (oder ihre weiblichen Pendants, die sogenannten Zornröschen) aus dem Supermarkt. Das sind diese rotblau angelaufenen Heulbojen, die im Kassenbereich auf dem Boden liegen und die Gummibärchenpackungen im Würgegriff halten, bis der Arzt kommt, und die nach einigen Stunden Terror nur noch mit Gewalt abtransportiert werden können wie ein angeketteter Castor-Demonstrant bei einer Sitzblockade.

Zorneding – Ein fünfjähriger Junge musste von der freiwilligen Feuerwehr aus einem Einkaufswagen freigeschnitten werden. Nach Angaben des Filialleiters hatte die Mutter des Jungen zuvor den Kauf einer Großpackung Haribo-

Balla-Balla-Erdbeerkonfektstangen verweigert, worauf ihr Sohn im Kleinkindersitz des Einkaufswagens zornig um sich geschlagen hatte. Dabei verformten sich die Metallstäbe derartig, dass der übergewichtige Knirps nicht mehr, ohne größeren Schaden zu nehmen, aus dem Trolley hätte entfernt werden können. Nach einem zweistündigen Rettungsversuch habe eine Wurstfachverkaufskraft dann entnervt die Feuerwehr alarmiert. Ob die Haftpflichtversicherung den entstandenen Sachschaden übernimmt, ist noch ungewiss.

Aber machen Sie sich keine falschen Hoffnungen – auch wenn Kinderpsychologin Sieglinde G. meint, diese Phase wäre mit spätestens sechs bis sieben Jahren durchlaufen: Wahre Super-Marios bleiben Möchtegernhelden. Ihr Leben lang! Super-Marios sind die Maserati-Fahrer von morgen, die ewigen Dampfplauderer und Possenreißer, die an Silvester mit kindlicher Freude mit Feuerwerkskörpern rumballern, die Ihnen mit einem Leuchten in den Augen reindrücken, mit wie viel PS sie neulich eine Kurve genommen haben und wie ausgebufft sie ihrem Kollegen die Beförderung vor der Nase weggeschnappt haben. Mamma mia!

Rotzlöffelalarm im Supermarkt

Ivanka, Auszubildende im ersten Lehrjahr, hat die XXL-Ko-koscornflakes-Packungen so schön gestapelt – aber nicht mit Karl-Leander (6) gerechnet, der sich gerade sehr über seine doofe Mama geärgert hat, weil sie ihm nicht erlauben will, sich in den Einkaufswagen zu setzen und lustig rumge-fahren zu werden. Denn im Wagen sind schon druckempf-findliche Waren wie Erdbeeren, Pfirsiche und Käsebällchen, außerdem ein tropfender Strauß Tulpen aus einem Eimer am Eingang. Karl-Leander kann das nicht einsehen und schiebt den Wagen wutschnaubend gegen Ivankas Cerealienturm, der krachend zu Boden geht. Ivanka denkt noch, dass sie damals in Ljubljana ohne Umschweife eine gescheuert ge-kriegt hätte, da denkt sie schon, sie hört nicht recht, als Karl-Leanders Mutter milde meint: »Das finde ich nicht gut, Karl-Leander.« Nicht gut, das kann man wohl sagen. Nicht gut ist auch, dass ihr ein Blick schräg durch den Gang mit den ein-gelegten Gürkchen und den Pflanzenölen sagt, dass da hin-ten ein anderer kleiner Krawallköter um die Anchovi-Dosen rumkaspert, die ihr Kollege Darius in Form der Allianz-Arena aufgestapelt hat.

Lieblings-Supermarkt-Diebesgut der Kinder im Alter zwi-schen sieben und vierzehn Jahren ist bei den Mädchen Brausepulver und Gummibärchen, bei den Jungs Kau-gummi und Vollmilchschokolade. In Kaiserslautern wur-de ein Achtjähriger geschnappt, der 14 Tafeln der Sorte »Ganze Mandel« im Hosenbund stecken hatte – jeweils 300-Gramm-Oschis.

Sie überlegt noch, ob sie Frau Wollenkötter von der Fleischerfachabteilung Bescheid sagen soll, weil die so gut mit Kindern kann, da wird sie abgelenkt von dem Trupp halbstarker KFZ-Mechaniker-Lehrlinge. Aha, die verlängern sich mal wieder großzügig die Berufsschulpause, wühlen zu fünft im Kühlregal rum wie die jungen Gorillas, die um die dicksten Triebe rangeln – dabei geht's um Full Throttle Blue Demon und Rockstar Punched Guava –, und rempeln und grunzen sich gegenseitig an; die Oma, die gerade mit ihren Kukident und der Zweirollen-Packung Extra-Velvet-6-lagig im Rollator vorbeischiebt, guckt schon ganz ängstlich, als einer »Willst'n paar aufs Fressbrett?« zum anderen rübermault, weil der ihm die letzte Dose Burn extrastark weggeschnappt hat. Die Oma würde gern schnell zurück nach Hause schieben. Aber an der einzigen geöffneten Kasse kämpft die kleine Adele (5) mit ihrer Mutter, die ihr keinen Schokoriegel für den Nachhauseweg kaufen möchte. Über die Das-finde-ich-nicht-gut-Phase sind die beiden schon hinaus. Der Kassierer guckt nur verwirrt, als Adeles Mutter ihre kleine Zorntröte am Handgelenk packt und nach draußen Richtung Auto zerrt, während sie kreischt: »So, und jetzt gehen wir zu Pro Familia« – und den ganzen Einkauf auf dem Förderband liegen lässt. Die Oma will gerade mit ihrem Rollator an dem Warenberg der Adelemutter vorbei, da fährt ihr der kleine Romeo (4) mit seinem Kleinkindwägelchen, in dem Maoam und Fruchtzwerge durcheinanderkollern, gegen ihr Vehikel und verschrammt es ordentlich.

Unter sieben Jahren ist ein Kind in Deutschland nicht deliktfähig, kann also im juristischen Sinne keine Schuld auf sich laden. Wenn Eltern sich dennoch durch eine Haft-

pflichtversicherung absichern wollen, müssen sie eine De-
liktunfähigkeitsklausel vereinbaren. Aber wenn der Nachwuchs nicht gerade die komplette Dachträgerkonstruktion
des Discounters zum Einstürzen bringt, indem er eine tra-
gende Säule mit seinem Puppenwagen umnietet, sondern
wenn sein Vergehen eher darin besteht, eine Tüte Kara-
mellbonbons aufgerissen und weggemampft zu haben,
trägt eh der Supermarkt eine Mitschuld, weil er die Kleinen
durch aufdringliche Auflagen in Versuchung geführt hat.
Noch bei bis zu 18-Jährigen kommt es im Falle eines Scha-
dens darauf an, wie es um ihre Einsichtsfähigkeit steht, ob
die Eltern ihre Aufsichtspflicht vernachlässigt haben und
wie verführerisch riskant der Laden seine Waren aufgebaut
hat, damit sie nur ja auffallen.

Die Oma entschließt sich, nachsichtig zu lächeln, Hauptsache, sie kann diesem Tollhaus entkommen und endlich ihre
Dritten wieder reinigen. Sie drängelt sich also am nicht mehr
beaufsichtigten Warenberg von Adeles Mama vorbei, bezahlt
und schiebt, so schnell es ihr möglich ist, davon. Das ist gut.
Sonst hätte sie mitbekommen, dass es doch besser gewe-
sen wäre, wenn Ivanka Frau Wollenkötter von der Fleischer-
fachverkaufstheke weggerufen hätte. Der 13-jährige Adrian,
der nur ein bisschen mit seinem Fußball rumdaddeln wollte,
während er auf dem Weg zur Kühlung mit den Kinder Pinguis
war, hatte seine vorpubertäre Schusskraft unterschätzt und
guckte nur noch verdattert, als sein Ball in hohem Bogen in
die frischen Aufschnittwaren von Frau Wollenkötter flog und
dort exakt auf einer reifen Tomate niederging, die zu Anima-
tionszwecken, als Serviervorschlag und zur Verbreitung ge-
pflegter Atmosphäre dort ausgelegt war.

Als sie über ein in den Gängen eines Supermarktes umhertobendes Kind stolperte, verstauchte Kathleen Robertson sich den Knöchel. Ein Volksgericht in Texas verdonnerte daraufhin den Supermarkt, an Kathleen Robertson die stattliche Schmerzensgeldsumme von 780 000 Dollar zu zahlen. Kurioses Detail: Das Kind war ihr eigenes.

Diese Tomate zerplatzte wie eine Fliegerbombe, die nach Jahrzehnten von einem Schaufelbagger angedotzt wird, und verteilte sich in großen Brocken auf Frau Wollenkötters Kittel. Die allgemeine Aufregung um den zwar peinlich berührten, aber mundfaulen Adrian, der sich nicht zu einer Entschuldigung entschließen kann, sondern sich vornimmt, später darüber nachzudenken, was wohl mit dem verdammten Ball los war, nutzt Georgios (9), um mit dem Pappaufstellspender mit den 1000 EM-2012-Sammelkarten abzuhauen. Damit wird er der King auf dem Schulhof! Er wird der gefragteste Tauschpartner sein, er wird sie alle zappeln lassen! Dann wird er Gnade walten lassen. Vielleicht. Bei einigen, aber ganz sicher nicht bei Carlo, dem Klugscheißer, der ihn immer so opfermäßig anguckt, wenn er mal wieder 'ne schlechte Note verpasst bekommen hat.

Der Kassierer stöhnt ins Mikro: »Zweite Kasse, bitte« und fängt an, die Waren von Adeles Mutter wegzuräumen. Filialleiter Ignaz Potz notiert Adrians Personalien, bevor er ihn nach Hause schickt und den verschmierten Ball als Beweisstück in seinem Vier-Quadratmeter-Büroverschlag sichert. Von dort wird er aber sofort an die soeben eröffnete zweite Kasse gerufen, wo die langjährige Mitarbeiterin Margot Knechtsmann den Ausweis der schwer aufgebrezelten Chayenne (in Wirklichkeit erst 14) als plumpe Fälschung enttarnt und den Arm bereits streng um die sieben bunten Alcopopsfläschchen gelegt hat, die das frühreife Gör auf den High Heels ihrer Mutter rausschmuggeln wollte. Ignaz Potz sieht sich also genötigt, weitere Personalien aufzunehmen und über den Zustand der Jugend im Allgemeinen und Besonderen nachzudenken.

Auf dem Weg in sein Bonsaibüro hört er Daphne (15), die ihre Mutter anpampt, sie werde ihre elend gesunde Gemüseschlonze nicht länger fressen und deswegen auch jetzt nicht ins hinterste Eck laufen, um ihr da noch einen dämlichen Brokkoli zu holen. Vier Meter weiter hat Anwaltssohn Jonas (16), frisch gegelt und gescheitelt, mit Hilfiger-Shirt und Armani-Hose, am Heißtresen gerade einen wichtigen Anruf von seinem Polotrainer auf seinem iPhone bekommen und muss die anderen Kunden samt Verkäuferin warten lassen, ehe er sich entscheidet, ob es eine Fleischkäsesemmel oder ein Räucherkäsebrötchen für ihn sein soll. Vor lauter Ungeduld wird Eleonora (2) in ihrem unbequemen Einkaufswagenkindersitz derart wütend, dass sich ihr linkes speckiges Beinchen zwischen den Metallstreben verkeilt und nur mithilfe des beherzten Einsatzes einer rumänischen Regaleinräumerin befreit werden kann. Als wieder halbwegs Ruhe herrscht, hört Herr Potz noch, wie die auffällig ordentlich frisierte blonde Mutter, die gemessenen Schrittes zwischen den Biocräckern und den glutenfreien Mürbetalern hindurchschreitet, ihre elfenzarte, ebenso blonde Tochter Chloé (14) fragt, ob sie Lust auf ein paar von diesen zartbitterschokolierten Amaranthhappen habe. Herr Potz merkt, dass er gar nicht wusste, dass sie zartbitterschokolierte Amaranthhappen im Sortiment haben. Da er in seinem Büro gleich mal verstohlen im Warenordner nachschlägt und die Kassierer alle sehr beschäftigt sind, bekommt niemand mit, das Ellen-Milena

(5) auf der finster entschlossenen Suche nach Schlumpfine und Schlaubi bereits sieben Überraschungseier aufgeknackt hat. Erst beim achten Ei bemerkt ihre Mutter, was ihre Tochter treibt, schiebt den Berg aus Schokoscherben, Stanniolpapier, gelben Schaleneumeln und Plastikgimmicks beiseite und zerrt das Kind von dannen. Fridolin (6), dem seine große Schwester irgendwo zwischen den Regalen abhandengekommen ist, beschließt, den Schreck, der ihm darob durch die Glieder fuhr, zunächst aufzuschieben, als er des herrlichen Schokoberges gewahr wird, und verleibt sich innerhalb von einer knappen Minute fünfeinhalb Schokoei-Hälften ein.

In Westfalen rasteten drei acht- und neunjährige Kinder in einem Supermarkt aus. Sie verschmierten Spülmittel, Schuhcreme und Weichspüler in Gängen und Regalen und stopften Telefonbücher in die Kundentoilette. Ein solcher Fall gehört zu den beliebten Themen bei Psychologiestudenten in den ersten Semestern, die diesbezüglich nicht nur Fragen der (Selbst-)Disziplin und emotionale Defizite besprechen, sondern auch die interessante Frage erörtern, was in der Frau vor sich gegangen sein mag, die haltlos kichernd am Rand des Geschehens stand.

Er beobachtet derweil interessiert die jungen Hühner in der Kosmetikabteilung, die in lauter lustigen kleinen, bunten Döschen rumstochern und sich um einen winzigen Spiegel drängeln. Während er eins von den kleinen Autos, die zwischen den Ei-Resten rumliegen, in seine enge Hosentasche stopft, sieht er, dass seine Schwester schon die ganze Zeit ein paar Meter weiter bei den Zeitschriften steht und im *DSDS*-Magazin und in der *Bravo* blättert. Wenn das Mama wüsste!

Nervensäge Typ 6: Die Maulige

Später, wenn sie mal groß ist und sich erinnert, wird es ihr selbst peinlich sein. Aber in der pubertären Umbauphase, so zwischen der achten und elften Klasse, ist die Maulige noch fest davon überzeugt, sie wäre cooler, gecheckter als die anderen und total auf Zack, wenn sie nur immer eine ordentliche Crunch-Schnute zieht und allzeit ödigst angenervt tut – bis sie es auch ist. Ständig findet sie alles doof, gibt immer die Behelligte, hält einen Dauerpegel an Latent-beleidigt-Sein und weiß alles besser – wobei es freilich nicht um Wissen im Sinne von Schlauheiten und Inhalten geht, sondern um die eine Gewissheit: Das hier gerade ist mies, schnarchig und eine Zumutung, aber das merke ja wohl mal wieder nur ich. Ich. Die vom Leben und den Mitmenschen Bedrängte, die Gelangweilte, die demonstrativ und vollkommen berechtigt Pampige. Mit Knautschvisage und Rollglubschern hängt sie schräg im Stuhl und posaunt mit ihrer mürrischen Altweiber-Gichtschmerzen-Miene förmlich heraus, wie deutlich sie gemerkt hat, dass sich das hier so gar nicht lohnt. Allenfalls noch der genervte Blick aufs iPhone ist der Mühe wert. Vielleicht hin und wieder mal noch lustlos drauf rumtippen, irgendwohin simsen, ob sich's da mehr zu leben lohnt, und sonst halt die Flunschfresse- oder Kotzlaune-App abrufen oder so.

Herrje, wenn solche Teenager wüssten, wie *dämlich* sie wirken, DÄMLICH! Und unerfreulich. Genau so, wie sie aber auf gar keinen Fall wirken wollen. Und es vielleicht auch nicht einmal sind.

Es umgibt sie eine Aura der miesen Mufflaune. Und eigentlich wären sie isoliert. Wenn da nicht bei einigen ihrer Mitschülerinnen und Freundinnen der Instinkt versagen würde, der ihnen eigentlich sagen sollte: Nimm bloß Reißaus vor diesem Zuwiderbollen! Der zieht dich ja endlos runter, wer will denn so was!? – und stattdessen zugunsten des Auch-coolsein-Wollens gar nichts meldet, sondern verkümmert (wie vielleicht auch das gesunde Hungergefühl, das Gefühl für angemessene Kleidung und das für ein Mindestmaß an Höflichkeit), stillschweigt und den Weg ebnet für eine perfekte Fader-geht's-nicht-Fratze.

Die Welt da draußen ist schuld an allem; die Synapse, die ihr zuflüstert, dass sie selbst in erheblichem Maße für ihre Laune zuständig ist und Dauervorwurf kein befriedigender Gemütszustand ist, wächst erst noch.

Sprüche an den Türen allzeit
genervter Jugendlicher

- Schutt abladen verboten!
- Wenn du ein Leben hättest, würdest du dich aus meinem heraushalten!
- Eintritt 1 Euro, zwei Tritte 2 Euro
- 3x klopfen, 5x räuspern, 1x im Kreis drehen, 1x leise »Hallo« rufen, zum Schluss 1x klopfen. Sollte die Tür dann immer noch nicht aufgehen: 1x schnellstens verpissen!
- Mach, was du willst, aber nicht bei mir!

Wer ständig genervt ist, will oder hat irgendetwas nicht, was die anderen aber erwarten. Deswegen spielen Ausreden bei den Mauligen eine nicht unwesentliche Rolle.

Die Münchner Verkehrsbetriebe ließen jüngst verlauten, die Hauptausrede der U-Bahn-Schwarzfahrer sei: »Mein Hund hat die Fahrkarte gefressen«, dicht gefolgt von: »Der Fahrtwind hat mein Ticket zum Fenster rausgeweht« (gern gebraucht auch in Waggons, deren Fenster sich nicht mal öffnen lassen), und der Schleimspurnummer: »Ich wollte doch nur mal einen Blick in die bekannten modernen Münchner U-Bahn-Waggons werfen.« Untreue Ehemänner stammeln seit Menschengedenken: »Ich kann dir das erklären!«, und: »Es ist nicht so, wie es aussieht!« Und als die Russen aus der Fußballeuropameisterschaft 2012 geflogen sind, maulten sie, das sei nur passiert, weil ihre Gegner, die Griechen, so schlecht waren, dass sie, die Russen, nicht zur Bestform auflaufen konnten. Griechenland hat mit diesem Trick immerhin 1:0 gewonnen.

Also, schlechte Ausreden gehören zur Menschheit wie Plattfüße und schiefe Zähne, und das in allen Lebenslagen. Warum sollten da die Schüler eine Ausnahme machen, wenn es darum geht, sich nach allen Regeln der Kunst rauszulabern, wenn sie mal wieder nicht den Anforderungen der Lehranstalt entsprechen? Sieger ist ja im Leben keineswegs immer der Ehrliche, sondern der, der das geschickteste Krisenmanagement betreibt und das letzte Wort hat. Die Besten werden dann PR-Profis und machen nie wieder was anderes.

Ausreden fürs Zuspätkommen

🐝 Unser Hund hat in die Wohnung gemacht und meine Eltern waren schon in der Arbeit.

🐝 Meine große Schwester hat sich beim Frühstück an einer ganzen Haselnuss aus ihrem Biomüsli verschluckt und ich musste den Notarzt rufen.

🐝 Ich habe einer angefahrenen Katze geholfen.

🐝 Ich habe einem Kleinkind geholfen, das sich verlaufen hatte.

🐝 Mein Goldhamster lag heute Morgen tot in seinem Laufrad.

🐝 Meine Verspätung hat private Gründe, über die ich nicht sprechen möchte.

🐝 Ich habe im Einwohnermeldeamt einen neuen Ausweis beantragt, und das hat lange gedauert; die Beamtin wollte mir aber keine Bestätigung dafür mitgeben, weil sie meinte, Lehrer hätten dafür Verständnis.

🐝 Ich bin aus Versehen in die falsche Straßenbahn gestiegen, und da ich immer lese, habe ich es erst an der Endstation gemerkt.

🐝 Der Lokalsender, der in meinem Radiowecker eingestellt ist, hat gestreikt.

🐝 Heute früh habe ich es nicht geschafft, vor meinen zwei Schwestern ins Bad zu kommen.

🐝 Bei uns gab's heute Stromausfall, und da hab ich mein Mofa nicht aus der Tiefgarage gekriegt.

🐝 Auf halbem Weg hat mir ein Vogel auf den Kopf geschissen.

🐝 Beim Aufsteigen aufs Fahrrad ist mir die Hosennaht am Po aufgeplatzt und ich musste mich noch mal umziehen.

Deutsch- und Geschichtslehrer Heiner F. meint: »Ich würde mir ja wünschen, dass das nur abgewrackte Klischees sind und der Alltag ganz anders aussieht. Aber genau diese Sätze sind es, die wir tagtäglich zu hören bekommen, wenn wieder einer zehn Minuten nach dem Gong reinschlurft oder trotz Mordsgewusel in seiner Tasche die Hausaufgaben nicht drin finden kann. Ganz originell fand ich neulich immerhin den, der erklärte: »Meine Mutter hat dem Taxifahrer die falsche Adresse genannt.«

Ausreden für nicht gemachte Hausaufgaben

- Mein Vater hat meine Lektüre mit in den Urlaub genommen.
- Mein Bruder hat das Mathebuch in die Kur mitgenommen.
- Unser Welpe hat mein Heft zerrissen.
- Ich war gestern Zeuge eines Raubüberfalls und musste den ganzen Nachmittag auf dem Polizeirevier verbringen.
- Mein Vater fand die Lösung so genial, dass er das Heft mit zur Arbeit genommen hat, um vor seinen Kollegen anzugeben.
- Aus meinem Buch ist die Seite rausgerissen, auf der die Aufgabe steht.
- Der Nagellack wurde einfach nicht trocken, und ich konnte nicht schreiben.
- Ich hatte eine kreative Krise.
- Mein Kugelschreiber hatte einen Schlaganfall.

- Tschuldigung, aber ich war gestern so voll, da hab ich's glatt vergessen.
- Mein Heft ist hinter die Schrankwand gefallen und die ist mit Stahldübeln angeschraubt.

Rotzlöffelalarm bei Castingshows

Castingopfer sind ein Paradeprodukt des 21. Jahrhunderts, in dem jeder jederzeit überall sein und sichtbar werden kann, seit Globalisierung, Billigflüge, Facebook und das Internet unser Leben prägen. Die Welt guckt sich bei YouTube selbst jederzeit und bei allem zu: Wenn ein Pelikan eine Taube frisst (St. James' Park, London), wenn Opa Werners Hose beim Gartenstuhlaufstellen reißt (Laubenkolonie Stuttgart-Botnang), wenn ein indischer Elefant seinen Mahout platttrampelt (Tempelfest in Kerala, Indien) oder wenn Hirtenjunge Michi Stadlhuber von der Krippenspielbühne fällt (Traunstein, Oberbayern).

Sämtliche Schmach, die irgendein Himbi irgendwo auf sich geladen hat, kann genüsslich millionenfach wieder und wieder miterlebt werden. Das ist natürlich höchst bedenklich, für viele äußerst amüsant und für einige hochnotpeinlich. Aber es ist längst zu spät. Zumal ja zudem noch diese scheinbar unstillbare Sehnsucht der Menschen besteht: nach Aufmerksamkeit, Beifall, womöglich schnellem Ruhm. Diese unsagbar starke Sehnsucht bringt viele, vornehmlich junge Zeitgenossen, dazu, sich bei Sendungen wie *Popstars*, *DSDS*, *X-Factor* oder *Das Supertalent* mit einem unterirdischen Auftritt, den niemand, der bei Trost ist, Performance nennen würde, zum Armleuchter der Nation zu machen. Ein Offenbarungseid der Dummbazigkeit. Der Castingopfer-Boom.

Im Duden-Wörterbuch der Szenesprachen, heißt es: Castingopfer sind »Menschen, die in Castingshows (z.B. Deutschland sucht den Superstar) mitmachen und sich mit einer schlechten Leistung blamieren. Oder solche, deren kurzfristiger Castingruhm schon verblüht ist und die sich jetzt in irgendwelchen B-Formaten entblößen, mit der letzten Hoffnung darauf, ihren ›Ruhm‹ zu reaktivieren.«

Wenn irgendwer den jungen sonnenstudiogegrillten Möchtegernsuperstars mit den gesträhnten Rundumfransenfeudeln rechtzeitig reinen Wein eingeschenkt hätte, wäre ihnen nicht vor circa vier Millionen *DSDS*-Fernsehzuschauern gesagt worden, dass ein Erdferkel melodischer quiekt, als sie singen, und dass ihr Styling so jämmerlich ist wie das einer mexikanischen Schnellstrada-Raststättenbedienung am Tag des Heiligen González. Aber die Sehnsucht nach Ruhm und Erfolg war offenbar zu groß. Nicht nur bei ihnen selbst, sondern auch bei ihren Eltern und bei ihren Geschwistern, die sofort hofften, dass sie, wenn der Bruder erst der neue Enrique Iglesias oder die Schwester die neue Anastasia wäre, nicht mehr nur jeden Tag ihre blond gefärbten Wollzotteln oder schwarz gegelten Fettfransen auf der durchgesessenen Couch Richtung Fernseher halten und dazu 'ne Fluppe quarzen müssten, sondern dass dann Leben in die öde Bude käme: Geld, Glanz, Fotografen, Angebote für was auch immer … All die sagenhaft unbegründete Hoffnung muss ihnen die Ohren verklebt haben, als ihr Geschwisterlein ihnen etwas vorgesungen hat. Und das selbst scheinbar auch recht kritiklos ertragen hat, wie es da all die Chart-Hits vergewaltigt hat. Also hat es übelst einen auf die Mappe gekriegt von Niedermacher Dieter und stolziert seither nicht mehr ganz so gockelig durch die Straßen.

Aber sie sind überall, nicht nur bei RTL, ProSieben oder VOX: die Castingopfer, die Traum und unbegründete Hoffnung nicht voneinander unterscheiden können und denen wir täglich beim Warmlaufen zusehen müssen. Denn dieses Castingfieber setzt sich ja im Kleinen fort: Wenn zum Beispiel in der Aula ein Talentwettbewerb veranstaltet wird und acht von den zehn antretenden vermeintlichen Starsängern bieten eigentlich nur Fremdschämvorlagen, aber Mutti filmt, wippt und singt stumm mit und weiß am Ausgang gar nicht, warum die anderen Eltern sie so mitleidig angucken – es war doch spitzenmäßig! Und morgen kann die Welt auf YouTube noch mal hören, wie madonnamäßig ihre Piepmaus gesungen hat. Oder wenn Kinder für die Provinzprospekte der örtlichen Klamotten- oder Spielwaren-Anbieter aus den Karteien irgendwelcher C-Agenten gezogen werden und sich nach dem Shooting fühlen wie Macaulay Culkin und Emma Thompson in Personalunion. Entscheidender Faktor: die geltungsbedürftigen Eltern. Für einen Rampensau-Moment nehmen die eine Menge auf sich.

Eine der schrägsten Geschichten kommt mal wieder aus den USA: Talkmaster Jimmy Kimmel hatte Eltern aufgefordert, ihren Kindern zu erzählen, dass sie sämtliche Halloween-Süßigkeiten aufgegessen hätten, und die Kleinen dabei aufzunehmen, um die hübschen Filmchen dann auf YouTube für alle bereitzustellen. Tausende kamen der Aufforderung nach und präsentierten grölend ihre tobenden Kinder. Vom Erfolg beflügelt, initiierte Kimmel eine weitere YouTube-Welle: Kinder wurden dabei aufgenommen, wie sie völlig sinn- und spaßfreie Geschenke bekamen (Klopapierrollen, alte Zahnbürsten, ausgetrunkene Plastikflaschen), und erneut war das Amüsement groß angesichts wütender und mit alten Schuhen und leeren Tupperdosen um sich schmeißender Kinder. Das Best-of wurde über 24-Millionen-mal (!) angeklickt.

Und sie sind bereit, ihren Spross einer unbekannten, weiten Welt zu präsentieren. YouTube und andere Plattformen sind voll mit Filmchen, die Eltern von ihren wahnsinnsbegabten, superwitzigen Kleinen gemacht und in die Öffentlichkeit katapultiert haben. Egal wer's sieht – Hauptsache, im Mittelpunkt stehen! Die kleine Ariane als total knuffige Play-back-Rockmusikerin im sexyhexy Minirock, der kleine Finn beim Abschlussrennen der Anfänger bis sieben Jahre als Racer auf der Skipiste – na ja, es geht noch ein bisschen raciger – er müht sich wackelig den blauen Anfängerhang hinunter, aber die Eltern schreien umso lauter »Super, Finn, go, go, go!« aus dem Off. Wenn demnächst für irgendein Filmchen ein kleiner Junge gecastet wird, sind sie klaro dabei!

Und am verirrtesten: die Hungerhaken-Riege, deren Erkennungszeichen ihre als zu dick empfundenen Oberschenkel und zudem ihr schwindeliger Gang sind. Es handelt sich um die Möchtegern-Schiffers à la *Germany's Next Topmodel*, die jedes noch so kleine Stück Weg, sei es durch den elterlichen Reihenhausvorgarten, von einem Klassenzimmer ins andere oder die Supermarktregalreihe zwischen Shampoos und Diätkeksen, nutzen, um einen Catwalk daraus zu machen – und um sich möglichst genauso aufreizend zu bewegen wie Wildhüterin Heidi und ihr Rudel Rehe, die alle gern einen Job als Knochenmobile hätten und dafür alles tun, was die beiden Jury-Boys, Thomas und Thomas, an sie ransäuseln.

Studien belegen, dass sich jedes zweite fünfzehnjährige Mädchen in Deutschland als deutlich zu dick empfindet, selbst wenn es normalgewichtig ist. Damit sind die deutschen Mädchen traurige Spitzenreiter in puncto Körperunzufriedenheit in Europa und Nordamerika. Daran soll der Erfolg und die Präsenz von »Germany's Next Topmodel« einen entscheidenden Anteil haben.

Sind denn das unsere heranwachsenden Töchter, die seit Heidi Klum einfach die Phase überspringen, in der sie verschämt und rührend und zunächst heimlich mit ein bisschen Lidschatten in harmlosen Farben rumhantieren und allenfalls mal unsere Schuhe innerhalb der eigenen Wohnung ausleihen und ausprobieren? Und jetzt haben sie Smokey Eyes, die man selbst vom anderen Ende der Kreuzung aus noch als bedrohlich empfindet, und Absätze, die ihre Spinnenbeinchen noch dünner wirken lassen, und dazu diese geklonten Longchamp-Taschen in der Armbeuge, die allerdings so was von nicht lässig schwingen können, weil sie viel zu voll sind: mit dem ganzen Schulgeraffel, denn leider geht's vormittags nicht zum Heli-Shoppen, sondern schlicht in die Schule. Über Make-up-Basics reden sie, als ginge es um Sesambrötchen, und auch in ihre Alltagsgespräche hat sich der Heidi-Talk eingeschlichen, zum Beispiel: »Tja, Charlotte, was machen wir jetzt mit dir?« (wenn die Englischvokabeln nicht sitzen), oder: »Lara, ich glaub, du hast Potenzial« (wenn Lara keinen Aufschwung hinkriegt), oder: »Überrasch uns!« (wenn Frieda nach Stunden immer noch nicht weiß, was sie zur Party ihres großen Cousins anziehen soll). Selbst ein geschmettertes »Willst du das hier gewinnen?« war schon zu hören, als Karla keinen Bock mehr auf die Referatsvorbereitung hatte.

Wenn diese netten Mädchen – diese süßen Never-ever-Models – wüssten, dass sie sich nur eins verdienen: die goldene Trottelmütze in Sonderausfertigung, wenn sie auf lächerlich hohen Absätzen mit verruchter (verzottelter) Mähne und zu engen Jeans durch ihr Leben staksen wie ein junger Storch, der sich für eine Primaballerina hält ...

In Be'er Scheva im Süden Israels haben vier Schülerinnen der elften Klasse Feuer in zwei Klassenzimmern gelegt, weil sie derart wütend darüber waren, dass sie Schuluniformen tragen mussten, anstatt in aufreizender und knapper Kleidung herumlaufen zu dürfen. Verletzt wurde niemand.

Sollten die jungen Hühner in dem Alter nicht Erdbeerkuchen und Peperoni-Pizza lieben? Stattdessen hört man, wenn man mal durch die halb geöffnete Tür zuhört, wie sie über Diäten und Rezepte reden. Rezepte nennen die das! Da geht es um in O-Saft getunkte Wattebäusche, Gurken-Carpaccio und Chicorée-Schnitzel.

Nervensäge Typ 7:
Der Ego-Shooter

Stefan hat einen IQ auf Zimmertemperatur, um es mal vornehm auszudrücken. Seine Mitschüler halten ihn für einen »NOOB«. So nennt man User im Ballerspieljargon, die es einfach nicht draufhaben – aber da täuschen sich die anderen gewaltig. Ja, IRL (in real life) wirkt Stefan tatsächlich wie ein »Clueless Newbie« (ein ahnungsloses Grünhorn). Im Schulalltag hält er sich gerne zurück. Er fällt weder angenehm noch unangenehm auf. Er protestiert nie und wird deswegen schnell mal übersehen oder einfach übergangen. Stefan ist ein wenig pummelig – ein gemütlicher Teddy mit freundlichen Knopfaugen. Erwachsene würden den tapsigen 15-Jährigen wahrscheinlich am ehesten als »drollig« bezeichnen – wenn sie sich über ihn äußern müssten. Müssen sie aber nicht. Keiner macht sich über Stefan Gedanken. Ein Neuntklässler will aber alles andere sein als süß oder gar d r o l l i g ! Stefan wäre auch gern der coole Checker, den alle toll finden – ist er aber nicht und deswegen würde er sein RL (real life) als SNA-FU (»Situation Normal All Fucked Up«) beschreiben: Alles wie immer – beschissen! Ja, das würde er – aber es fragt ihn wieder mal niemand.

Am Nachmittag zieht sich der vermeintliche »Troll« (User ohne konstruktive Beiträge) dann aus der realen Welt zurück, taucht in sein muffiges, abgedunkeltes Kabuff ab, startet den Rechner, beginnt zu »fraggen« (virtuelle Spielfiguren töten) und mutiert schlagartig zum gefühlten Superhelden.

Fragging bezeichnete während des Vietnamkrieges ursprünglich das vorsätzliche Töten von inkompetenten Vorgesetzten, denen man Splitter-Handgranaten (engl. *frags*) ins Zelt warf.

In der virtuellen Welt nennt sich Stefan »BOFH« (Bastard Operator From Hell). Sein Lieblingsspiel ist unter anderem *Counter-Strike*. Freigegeben ab 16 Jahren. Seine Mutter hat es ihm vor zwei Jahren zu Weihnachten geschenkt. Alle Kinder ihrer Kolleginnen aus der Putzkolonne spielen es. Aber wenn Stefan nur drei Stunden am Nachmittag Zeit hat, dann spielt er auch gerne mal *Bloodfield* und tötet Aggro-Zombies, unterstützt von heftigem Metal-Sound oder *Devil Run* – da ist Stefan die letzte Hoffnung, um die Welt vor üblen Monstern zu retten. Da kann er gut abschalten und den grausamen Alltag ausblenden!

BOFH ist einer, der bei Ballerspielen nicht lange fackelt – kein »Camper«, wie Gamer Pimmelpirat, der sich am liebsten dauerverschanzt und auf den günstigsten Moment wartet, um aus dem Hinterhalt loszuballern. So wird man nie Leichenkönig!

Apropos Freude am Ballern I

Radevormwald – Zwei Kinder warfen Silvesterknaller auf einen Balkon eines Mehrfamilienhauses. Bei den Feuerwerkskörpern handelte es sich um eine »Wilde Hummel« und eine ab zwölf Jahren frei verkäufliche »Gruselknister-Fontäne mit Sprüheffekt«. Auf dem Balkon befand sich, neben einem

Plastiksammelbehälter, auch eine 22-Jährige und ihr Lebensgefährte. Die »Wilde Hummel« setzte den Gelben Sack in Brand. Beim Versuch, das Feuer auszutreten, erlitt vor allem der junge Mann schwere Verletzungen. Die Täter flüchteten unerkannt. Die Polizei bittet um sachdienliche Hinweise.

Man muss schon auch mal »rushen« und einen Aggrokiller ohne Rücksicht auf Verluste mit einer Attacke überrumpeln. BOFH versucht jetzt schon seit zwei Stunden, die Terroristen plattzumachen. Er hat noch über 70 Lebenspunkte – von 100! Das macht ihm so schnell keiner nach! Er ist nicht nur Meister im »Bratzen«, also im Dauerfeuern auf mehrere Gegner, er beherrscht auch den gezielten »Headshot« (Kopfschuss) aus der Distanz. Das gibt Punkte! Da! Der böse Terrorist wollte BOFH doch glatt aus dem Hinterhalt mit einer Kalaschnikow Auto 47 »bashen« (angreifen) – aber BOFH weiß sich zu »deffen« (verteidigen); so schnell kann der Bösewicht gar nicht »Napfkuchen« sagen, da hat ihn BOFH schon »FUBAR« (Fucked Up Beyond All Repairs), also mit einer Granate in tausend bluttriefende Einzelteile zerlegt und – baff! Gleich hat er ein zweites Talibanschwein im Handumdrehen mit einem sauberen Schuss mitten ins Herz getroffen. Das wird belohnt! Jetzt erhält BOFH zusätzlich einige »Smartbombs« (z. B. Blendgranaten) als Upgrades (zur Aufrüstung). »Nice shot«, wird er von einer elektronischen Stimme gelobt, noch während der Getroffene blutend zusammenbricht. Stefan lässt es sich nicht nehmen, an dem frisch Gefallenen den »Corpsehump« zu machen (an der virtuellen Leiche eine sexuelle Handlung anzudeuten), bevor er weiter durch das orientalisch anmutende Gebäude jagt. Pimmelpirat schickt ihm »Grats« (Gratulationen) und ein virtueller Mitstreiter, der sich Silentkiller nennt, sendet ein »G« (ein breites Grinsen). Mehr sozialen Austausch wird unser Stefan auch heute nicht mehr bekommen. Schön, wenn man wenigstens virtuelle Freunde hat, was?

Apropos Freude am Ballern II

Mit Plastikabflussrohren, die sie sich für etwa 12 Euro aus dem Baumarkt besorgt hatten, haben zwei 15-Jährige in Sachsen-Anhalt nach einer Anleitung aus dem Internet eine Kartoffelkanone mit durchschlagender Wirkung gebastelt. Nach Angaben der beiden Buben konnte die Waffe mit der optischen Anmutung einer Panzerfaust rohe Kartoffeln bis zu 200 Meter durch die Luft fliegen lassen. Beschleunigt durch elektrisch gezündetes Haarspray, verließen die Knollen die Biowaffe angeblich mit Spitzengeschwindigkeiten von bis zu 100 Metern pro Sekunde. Beim Ballern in einem Waldstück löste sich jedoch die Verschlusskappe des Haarspraytanks. Die beiden Schützen zogen sich dabei schwere Verletzungen zu. Eine Steckmuffe zertrennte einem von ihnen die Oberlippe. Die beiden minderjährigen Knallköpfe müssen nach ihrer Entlassung aus dem Kreiskrankenhaus mit einer Strafverfolgung durch das Landeskriminalamt rechnen. Sie haben gegen das Waffengesetz verstoßen. Zwei Zentner der verfeuerten Munition (vorwiegend festkochende Sieglinde), die bei der Suche nach abgetrennten Gliedmaßen im Waldstück aufgefunden wurden, händigten die Beamten den Erziehungsberechtigten der beiden Kartoffelhelden aus.

»Pimmelpirat« heißt im wahren Leben Tobias Lammer. Er ist dreizehn. Seine Mama ist viel beschäftigte Grafikdesignerin. Sie findet die Grafik von CS übrigens »super gemacht. Da gibt es wesentlich billigere ›Animations‹ und die Kinder lernen dabei auch noch ganz nebenbei spielerisch Englisch!« Meint sie damit zum Beispiel, dass ein Stück blutiger Arm »gib« heißt? Dass »looten« das Plündern von Leichen bedeutet? Oder »score whore« Punktehure? Jedenfalls: Eltern, die ihren Kindern Killerspiele verbieten, findet Frau Lammer (was für Gamer übrigens ein irrsinniger Name ist, weil »lamer« »nervige Trantüte« bedeutet) bedauernswert rückständig. So denkt natürlich auch ihr »SO« (Significant Other), sprich »Lebensabschnittspartner«. Und überhaupt »steht bei Egoshootern ja nicht das Töten an erster Stelle, sondern der geschickte Umgang mit der Waffe!«, glaubt sie zu wissen. Ach so! Ja dann ist ja alles wunderbar! »Kinder, denen alles verboten wird, werden ja geradezu dazu genötigt, ihre Eltern zu hintergehen«, meint sie. Aber »natürlich muss man die Kinder am Rechner begleiten. Tobi darf zum Beispiel maximal zwei Stunden pro Tag an die Kiste«. »Mrs Lamer« weiß, dass sie sich auf den für sein Alter sehr reifen 13-Jährigen verlassen kann. Freilich sei es wichtig, dass bei minderjährigen Spielern der Blutspritzmodus deaktiviert ist und schlimme Wörter überpiepst werden. Das kann man einstellen – aber auch wieder abstellen, weiß Tobi. Außerdem hat eine Studie herausgefunden, dass Augen von Ballerspielspielern um 58 Prozent empfindlicher für die Unterschiede von feinen Grautönen sind ... Tobi ist schon den ganzen Nachmittag online! Na, Tobi! Ist deine Gesichtsfarbe eher ein grünweißes Mausgrau oder changiert es eher ins graulila marmorierte Leichenblass, das müsstest du doch bestens differenzieren können, du »Gibber« (Eingeweiderausreißer)!

Neben den unzähligen Games, bei denen nur das Ballern im Vordergrund steht, gibt es auch ein paar soziale Computerspiele. Bei *Sims* zum Beispiel baut man sich ein virtuelles Eigenheim und bastelt sich erst mal eine perfekte Familie, die aus bis zu acht Personen bestehen kann. Durch Interaktionen mit anderen Sims-Familien kann es im Idealfall zur Heirat und virtuellen Fortpflanzung kommen.

Wie im realen Leben kann man jedoch an den einfachsten Dingen scheitern – wie folgender Chat beweist:

Salome 15 schreibt:

»Hilfe! Habe ein Problem bei Sims 2! Immer wenn ich ein Kind in den Hochstuhl setze und einem Erwachsenen den Befehl gebe, das Kind zu füttern, bleibt der Idiot einfach vor dem Stuhl stehen und macht nix. Ich kann zwar die Aktion abbrechen, bekomme das Kind dann aber nicht mehr aus dem Stuhl.«

Antwort von Strolch 99:

»Geh in den Kaufmodus, öffne das Cheatfenster, gib dort *moveobjects on* (ohne *) ein, nimm das Kind aus dem Stuhl und setze es auf den Boden, danach das Cheatfenster öffnen, *moveobjects off* eingeben und weiterspielen.«

Rotzlöffelalarm bei Kevin und Chantal

Nomen est omen – oder: Alles doch nur Schall und Rauch?

Laut einer Studie der Universität Oldenburg erzeugen Vornamen tatsächlich Vorurteile. Einem Kevin wird demnach von vornherein weniger zugetraut als einem Jakob oder Simon.

Kommentar einer Grundschullehrerin:
»Kevin ist kein Name, sondern eine Diagnose!«

Kevin führte vor 20 Jahren die Hitliste der beliebtesten deutschen Vornamen an. Der Film »Kevin – Allein zu Haus« und auch der Schauspieler Kevin Costner in dem Erfolgsfilm »Der mit dem Wolf tanzt« trugen dazu bei, den Namen Anfang der Neunziger populär zu machen. Damals wählten vor allem junge Mütter, die keineswegs unbedingt aus bildungsfernen Schichten kamen, für ihre Söhne diesen Namen.

Kevinismus – und ebenso **Chantalimus** – beschreiben heute die Unfähigkeit, Kindern sozialverträgliche Vornamen zu geben.

Der Ansturm der Kevinhorde hat jedenfalls eindrückliche Spuren hinterlassen. Tatsächlich gab es ganz viele verhaltensauffällige kleine Kevins, was aber nicht primär an diesem verwegenen Namen lag, sondern sich ganz einfach damit begründen lässt, dass logischerweise die Wahrscheinlichkeit steigt, unter vielen Tausenden von Vertretern auch auf ein paar extrem eindrückliche Knallfrösche zu treffen. »Den meisten Kevins wird jedoch Unrecht getan«, behaupten Namensforscher. Von daher sei es empfehlenswert, mindestens zwei Vornamen zu vergeben, um gegebenenfalls einem Ansehensverlust vorbeugen zu können.

Mehr als fünf Vornamen sind tabu

Eine Mutter aus dem Rheinland wollte ihren Sohn *Chenekwahow Tecumseh Migiskau Kioma Ernesto Inti Prithibi Pathar Chajara Majim Henriko Alessandro* nennen.
Sie musste sich per gesetzlichem Beschluss auf fünf Vornamen beschränken – wir gratulieren dem Jungen von ganzem Herzen –, auch wenn es andere bekannte Persönlichkeiten in Deutschland gibt, die es auf zehn Vornamen bringen, wie zum Beispiel *Karl Theodor Maria Nikolaus Johann Jacob Philipp Franz Joseph Sylvester* Freiherr von und zu Guttenberg.

Kinder wie Mandy, Justin, Dennis oder Peggy, denen aufgrund ihres Hochhaus-Namens unterstellt wird, aus einer bildungsärmeren Familie zu stammen, werden von Grundschullehrern schnell als leistungsschwache, verhaltensauffällige Quertreiber abgetan.

Auf **Partnerschaftsbörsen** im Internet kontaktieren Frauen am liebsten Männer mit den Namen *Maximilian* und

Alexander. Sehr beliebt sind auch die als seriös empfundenen Martins und Stefans.

Ebenso gilt als wissenschaftlich erwiesen, dass eine Bewerbung, die von einer gewissen Sabine Meier abgegeben wird, weniger Aufmerksamkeit vom potenziellen Arbeitgeber erhält, als wenn dasselbe Schreiben mit demselben Foto den Absender Sophie Charlotte Meier trägt. Unterlagen einer Cindy Shakira Meier würden, eine große Auswahl an Bewerbern vorausgesetzt, am schnellsten aus der näheren Auswahl fallen. Es macht also durchaus Sinn, sich über die Wahl des Vornamens Gedanken zu machen. Er sollte nicht zu alltäglich, aber auch nicht zu gewollt sein. Namen wie Pepsi-Carola Meier oder Gutemiene Huber hätten bei einer Bewerbung zwar bessere Chancen als die einer Chantal Meier oder Tracy Huber, die meisten Menschen verbinden aber ganz unwillkürlich seltsame Vornamen auch mit dubiosen Persönlichkeiten.

Der längste, in Deutschland vergebene Vorname ist: »Esenosarumensemwonken«. Er stammt aus Nigeria und bedeutet angeblich: »Die Bitte an Gott wurde erhört.«

Hier eine Auswahl an seltsamen Vornamen, die in Deutschland zugelassen sind: Adolf, Jesus und der Zusatz »et omnes sancti« (und alle Heiligen), Pumuckl, Fanta, Dior

Und hier eine Auswahl an seltsamen Vornamen, die in Deutschland nicht zugelassen sind: Puhbert, Judas, Satan, Verleihnix, Borussia, Pfefferminze, Rollgardina, José-Matz, Marie-Juana, Vasiline

Nervensäge Typ 8: Assibratze und Assiproll

Es honkt und tusst bereits bedenklich, wenn die kleinen Mädchen in der zweiten, dritten Klasse auf der klaren Zielgerade zur Assibratze anfangen, sich herzurichten und schon in jungen Jahren einen gewöhnungsbedürftigen Hang zu Tigerlillymustern, Ischenpink, Geschmacksverirrungen (Aldi-Ballerinas mit Barbiekopfaufdruck) und Qualitätsversagermaterialien (Knisterpoly) haben. Früh fangen sie an, aus irgendwelchen RTL-Fanmagazinen Poster von krampfhaft hochgehypten Teeniestars rauszureißen und an ihre schweinchenrosa Tapete zu kleben. Für schulische Inhalte interessieren sie sich nur mäßig; sie haben ja auch niemanden in der Familie, der ihnen sagen könnte, warum es sich womöglich lohnt, einen etwas gehobeneren Abschluss anzustreben, und deswegen landen sie meist auf der Hauptschule, die sie unwillig, gelangweilt und Kaugummi kauend absitzen. Immerhin sitzen ein paar geile Kerle mit in der Klasse rum, für die sich das Auftussen am Morgen lohnt. Die geilen Kerle sind die Assiprolls, die statt der Panneballerinas diese aufklaffenden, irgendwie verquollenen Turnschuhe ohne Schnürsenkel zum Aufhalten der vom Hintern rutschenden Baggy-Hosen tragen und sich schon als Zweitklässler auf dem Schulhof ihrem guten Ruf verpflichtet fühlen; und das bedeutet, dass sie unter ihrer falschrum aufgezogenen Werbe-Basecap von Burger King nonstop auf Krawall gebürstet sein müssen. Ein echter Mann fightet auch beim Stullenmampfen ums Revier, Alter! Da kann so ein kleiner Mann schon gar nicht oft genug »Willste Stress?« oder »Fick disch!« rausbellen, auch wenn er noch keine Vorstellung hat, was das eigentlich heißt. Aber die ganzen gekämmten Bürgerkinder und ihre lackierten Eltern gucken immer so schön entsetzt. Und gegen den Scheiß, den seine älteren Brüder bauen, ist das ja eh nur Kinderkacke.

Hoffnungslose Antworten in der Schule

- ☠ Englischlehrerin: »Willst du dir die Hausaufgaben nicht aufschreiben?«
  Jacky: »Nein, ich schreib sie nachher sowieso ab.«
- ☠ Musiklehrer: »Du schüttelst den Kopf? Zweifelst du an dem, was ich sage?«
  Cindy: »Nee, ich versuch nur, mich wach zu halten.«
- ☠ Der Mathelehrer malt ein Trapez an die Tafel und fordert Janina auf, etwas zu dem Trapez zu sagen.
  Janina: »Hallo ... Trapez.«
- ☠ Hauswirtschaftslehrerin: »Da kommt doch kein Schwein durch.«
  Justin: »Da muss auch kein Schwein durchkommen.«

Die Klischees feiern ein fulminantes üppiges Freudenfest, wenn die Assibratze ins Spiel kommt. Jeden Tag. »Do, ey!«, tönt es derb, wenn sie im fortgeschrittenen Teenageralter ist, und ihr Blick sagt dann ständig so etwas wie: »Hey, Babe, was geht, alles ist drin«, und ihre (unter nicht allzu strengen ethischen Kriterien beschafften) h.o.t.fusion-Bondings-Extensions in Dotter-, Senf- und Quietscheenten-Gelbtönen samt violettem Feather-Clip-in im ausgelaugten, zu häufig gefärbten Kopfstroh schüttelt sie lässig von einer Seite auf die andere, sodass auch das rosa Bubble Gum in ihrem viel zu weit geöffneten Mund von einer Kauleistenseite auf die andere kollert. Sie hält sich in solchen Momenten für so etwas wie die Wiedergeburt von Pamela Anderson und J.Lo, nur verruchter, irgendwie wilder. Bratziger eben. Ihre Augenlider hat sie aufreizend gesenkt – denkt sie. Dabei sieht es so aus, als ob sie ihre Klüsen wegen der verklebten, tonnenschweren künstlichen Wimpern einfach nicht richtig aufkriegt. Erschwerend kommt hinzu, dass sie gestern mal wieder viel zu spät ins Bett gekommen ist, weil *Frauentausch* immer so lang läuft und sie als Lehrlingshansel auf Dauerfrühschicht im Drogeriediscounter gebucht ist.

Überhaupt hält sie alles Mögliche für einen Wow-Effekt, was in Wirklichkeit so oberdaneben aussieht, zum Beispiel den breiten türkisen PVC-Gürtel mit Totenkopf-Applikation und »Ich hab den sexten Sinn«-Schriftzug in Goldnieten. Na ja, bei Kevin-Joel kommt sie eigentlich ganz gut an mit ihrem Look; den haben bei ihm im Hochhaus alle Mädels und er findet das ziemlich bushido. Da gibt's was zu sehen, wenn er wieder mal 'nen Vormittag in der Berufsschule abhängt, die Lehrer vorne hampeln lässt und breitbeinig seine Potenz zur Schau stellt. Das Einzige, was er in den letzten Monaten auswendig gelernt hat, ist das langwierige und komplizierte Begrüßungsritual mit seinen Kumpels. Hey, das musst du draufhaben! Das sieht *jeder*! Willst du wirken wie ein Vollpfosten mit Spastomatproblem?

Die Must-Haves der Assibratze und des Assiprolls

Dominika

- ⚜ weiße Stiefel mit hohem Schaft
- ⚜ Kunstledertasche in Weiß mit circa 30 nickelhaltigen Schnallen, Reißverschlüssen und Indianerfransen
- ⚜ selbst aufgeklebte, in der Größe nicht genau passende falsche lange Fingernägel mit Palmen und Sternchen drauf
- ⚜ Crackling-Nagellack in Schwarz-Orange
- ⚜ zu enge Moonwashed-Jeans von KiK

Krysztof

- ⚜ spiegelnde Sonnenbrille
- ⚜ Camouflage-Söldner-Buxe, Ballonseidenjogginghose oder Mackerjeans
- ⚜ Protz-Handwecker mit Tele-Memo und Trisnap-Verschluss und Digital-Kompass
- ⚜ Martialo-Männerschmuck mit dickem Kreuz, noch dickerer Panzerkette und Lederarmband, denn irgendwas muss ja die Wahnsinns-Unterarmmuskulatur halten
- ⚜ Schmierlappen-Slipper, Glanzstiefeletten oder schwarze gefälschte Nikes

Die Kleidungsstücke der Assibratze sind allesamt ge-
schmackliche Störfälle und zudem höchst feuergefährlich –
und würden, sollte sie einmal zu nahe an einen Dönergrill
geraten, augenblicklich in Brand geraten oder mindestens
schmelzen. Na toll, so ein Placken heiß-flüssiger Schmelzfet-
zen am Oberarm – nicht gerade der Dream. Der Dream hinter all diesen kostengünstigen Fähnchen mit zu tiefen Aus-
schnitten, zu kurzen Röcken, zu netzigen Strümpfen und zu
grellen Farben steht fest: Das Pendant auf freier Wildbahn,
der Assiproll, soll angemacht werden. Den stört es nicht,
wenn die Sachen zu eng sind bzw. die Assibratze zu dick –
ein paar in Acryl gewickelte Speckröllchen stören nicht, haben ja alle. Das gehört dazu.

Geschminkt ist die Assibratze reichhaltig und – ganz wichtig: billig und bunt. In ihrem rosa-lila Plastikzimmer steht
eine Armada von Nagellackfläschchen in allen Pannebä-
ckerfarben des Regenbogens. Die Farben, die sie sich nicht
auf die Reste ihrer Fingernägel gemalt hat, hat sie sich mit
Lidschatten rund um die Augen gepinselt. Wow! Royalblau,
Schimmelschillergrün, Pommesgold und Smokeyrabenwin-
netouschwarz! So sieht sie aus wie ein Paradiesvogel unter
Schock, den gerade der Baummarder gerupft hat – und der
Schutz sucht in seinem Nest, das von sämtlichen wohlfeilen
Träumen und Sehnsüchten kündet und als Gesamthorreur
durchgeht: Palmenstrandposter, Sonnenuntergangsbett-
wäsche, lila Plüschkissen, perlmuttfarbene Einhörner, pinke
Glitzerherzen, Grinsepüppchen, Fanmagazine, Autogramm-
karten von unwichtigen Hübschlingen und bauschige Poly-
estervorhänge in Lilö oder Miss-Piggy-Rosa. Sie fühlt sich
darin aber nicht wie ein ausgeknockter Piepmatz, sondern
ein bisschen wie eine Prinzessin, versteht sich. Noch so ein
Dream. Wenn's nur ein wenig stylisher zugehen würde, an-

statt dass sie sich ständig mit so Peinokatastrophen wie voll-
gepissten Hochhausaufzügen, besoffenen Nachbarn, über-
zogenen Konten und eingeknasteten Brüdern rumschlagen
müsste.

Die dümmsten Antworten in der Schule

Geografielehrer: »Wie heißt dieses Gebirge an der US-
amerikanischen Westküste?«
Jasmina: »Alpen.«

Biologielehrer: »Wie heißt der rote Farbstoff im Blut?«
Dilano: »Rote Blutkörperchen?«

Biologielehrer: »Nein, das Fremdwort ... Hämo...«
Dilano: »Hämorriden!«

Geschichtslehrer: »Was war der Holocaust?«
Gina-Giselle: »Eine Insel vor Südengland?«

Lehrerin: »Hier sind ja einige richtig gut!«
Ahmed: »Tja, wir sind ja auch in der 9e wie Elite!«
Sitznachbar: »Wir sind in der 10e.«

Politiklehrer: »Sag mir mal, Kevin, welche Staatsform die
UdSSR hatte.«
Kevin: »Nationalismus?«

Politiklehrer: »Hm, vielleicht weißt du ja, welche Partei in
der UdSSR geherrscht hat?«
Kevin: »NSDAP?«

Mathelehrerin, mit Geduld und Nerven am Ende: »Ihr seid so blöd! Mindestens 80 Prozent von euch haben wieder einmal nichts verstanden!«
Dakota: »Hä? So viele sind wir doch gar nicht, oder?«

In der Schule, wo sie absitzt, bis die Hauptschule sie endlich mit einem erbärmlichen Zeugnis in die Welt der Lidl-Kassen und Penny-Regale entlässt, guckt sie nur doof, aber frech, wenn sie was gefragt wird. »Hä?«

Nach dem Tussitoaster, der sie braun wie'n Maroc macht, trinkt sie sich in der Disco die Kerle schön, bis sie selbst am unattraktivsten wirkt, aber einem der Letzten noch als Wochenenddose reicht. Zu viel reden liegt ihr eh nicht. Gespräche hat sie eigentlich nie geführt. Mit den anderen Mädels stand sie halt immer zusammen und sie haben sich Kurzformeln um die Ohren geknallt.

»Ey, isch schwör's dir, Lorenzo, das Arsch, isch schwör, escht!«

»In Mathe, hey, wieder voll abgelost, die dumme Sau, ey!«

»Gestern, im Mägges, isch schwör, der Royal war scheißer als die Bratwurst immer bei mein Omma, isch schwör.«

Wenn einem krass voll schlescht is, nützt auch das geile Golden Sun Kissed Bronzing Powder nix mehr.

Rotzlöffelalarm bei der Oma an der Fensterbank

Es gibt da ja mitunter heftige Szenen, wenn irgendwelche Rotzblagen übers Trottoir schlurfen, zwar eine latent provozierende Ausstrahlung haben, zugegeben, und mit ihren Gangsta-Hoodies aussehen wie frisch von der verübten Straftat, aber eigentlich nix Schlimmes machen und trotzdem von irgendeiner alten Else, die sich auf ein olles Sofakissen lehnt und aus ihrem vergilbten Hochparterrefenster linst, angeschissen werden: »He, Kakerlakenfratze, geh weiter, sonst kriegst du einen rein, do! Wem haste überhaupt das Ding[1] geklaut?«

Joijoijoi, so viel Aggression in einer einzigen alten Frau, meine Herrn, da müssen aber ein paar gewaltige emotionale Störfaktoren aus der Nachkriegszeit, gepaart mit Altersfrust und Angst vor allem Fremden zusammenkommen, oder? Tja, manche Alten verhalten sich halt genauso unmöglich, frech und unverschämt wie manche junge Menschen auch. Denn die Jungen teilen, das soll nicht verschwiegen werden, ohne Anlass mitunter gewaltig aus: »He, Graumeise, mach Platz, wenn der Königsadler kommt!«, musste sich eine gehbehinderte alte Dame mit Rollator anherrschen lassen, als irgendeine Clique auf dem Bürgersteig das Alphatiergerangel nicht unterbrechen wollte. Mitunter möchte man meinen, Alte und Junge könnten sich gegenseitig nur als Feinde betrachten,

---

1 Sie meint das Handy, mit dem er sie gerade filmt (was ihr wahrscheinlich nicht geheuer und ja tatsächlich auch ein bisschen frech ist, aber natürlich keinen Aggroausbruch dieser Art rechtfertigt).

wie Gladiatoren in der Arena des gesellschaftlichen Kolosseums, wo es keine Begegnungen oder Gespräche gibt, sondern nur Gewinner und Unterlegene im Kampf.

Da klingt der freundliche alte Herr aus dem Rheinland doch regelrecht versöhnlich, wenn er sagt: »Und dann denke ich manchmal: ›Hach, die sind doch eigentlich nich‹ anders wie wir damals.«

Nervensäge Typ 9: Der Plumbking und andere Smartphone-Junkies

Merle klagt über Phantomvibrationen. Ständig bildet sie sich ein, ihr Smartphone hätte sich bewegt, um sie auf eine frisch eingetroffene Nachricht hinzuweisen. Zwanghaft checkt sie alle paar Sekunden ihren Account auf etwaige Kurzmitteilungen. Wenn sie wieder einmal umsonst kontrolliert hat, dann haucht oder besser faucht sie auf den Bildschirm, und danach poliert sie jedes Mal hektisch mit dem Ärmel den Screen. Alle paar Sekunden dasselbe Schauspiel! Das ist regelrecht ein Tick! Da! Schon wieder! Vielleicht hat ja endlich eine ihrer Freundinnen auf ihr »DAD« (denk an dich) reagiert, nachdem schon null Reaktion auf ihr »GUMO« (guten Morgen) kam, obwohl sie die Nachricht noch im Bett eingetippt und an 20 Bekannte versandt hatte. Sicherheitshalber holt sie gleich noch mal das Gerät hervor. Hat wirklich keiner ihre »HASE«-SMS (habe Sehnsucht) erhört und ihr ein »VLG« (viele liebe Grüße) zukommen lassen, auf das man unverzüglich mit einem wahnsinnig süßen »HAK« (hugs and kisses) antworten sollte oder gleich mit einem schmalzigen »HDGDL« (hab dich ganz doll lieb) zusammen mit 15 drangehängten endputzigen, total sunshiny grinsenden Smileys? Aber Merle haucht nur wieder und rubbelt zwanghaft.

Die 13-jährige Reina aus den USA hat in einem Monat 14 528 SMS verschickt. Die Telefonrechnung, die ihr Vater erhielt, war 440 Seiten lang. Das Mädchen muss demnach alle zwei Minuten an eine ihrer vier Freundinnen eine Kurznachricht versandt haben.

Merle ist abhängig von diesen kastrierten Buchstabenstummeln, die ihr das lebenswichtige Gefühl vermitteln, nicht mutterseelenallein und gottverlassen ihre Zeit auf dieser Welt abzufristen, und die sie täglich darin bestätigen, auch ganz wirklich dazuzugehören. Wozu dazugehören eigentlich? Zu einer riesigen Gruppe komatös langweiliger Mainstreem-Teenies, die alle denselben Musikgeschmack, denselben Haarschnitt und dieselbe Kopfbedeckung haben? Die alle mit dem gleichen H&M-T-Shirt rumlaufen und plötzlich bereitwillig albern große Brillen tragen, die sie aussehen lassen wie der dumme August höchstpersönlich, wenn das Web beschlossen hat, dass das jetzt gerade chic sein soll?

Endlich! Nach der 30 Smartphonekontrolle während der öden Deutschstunde – oder ist es Mathe? – egal – endlich eine Nachricht von Pauline:»LOL!« (laughing out loud) Freilich wurde die Nachricht nicht von Pauline selbst verfasst, aber immerhin selbstständig aus einer SMS-Datei ausgesucht. Da gibt es ein tolles Angebot an vorgefertigten Sprüchen für emotional flexible (launische) Gören. Heute hat Pauline mal wieder folgende Nachricht versendet:»Hier kommt ein SMS-Bussi ... Das Handy ganz zart an deine Wange drücken ... (SCHMATZ) ... bei Bedarf mehrmals täglich anwenden und an mich denken!!!!« Voll süß! Stolz lässt Merle ihr iPhone unter der Bank zu ihren Mitschülerinnen wandern. Ja, die Pickelgesichter sollen nur sehen, wie angesagt Merle ist, und dann schickt sie ein »BIVOSÜ DDGD« (Bist voll süß, drück dich ganz doll) zurück.

Moment mal! Pickelgesichter? Doll drücken? Das bringt Merle auf die geniale Idee, den Rest der Schulstunde für virtuelles Pickelausdrücken zu nutzen. Nur 79 Cent hat sie in die App »Zit-Picker« investiert. Da lädt man sich ein Tussengesicht auf den Screen, dem ununterbrochen ekelerregend eitrige Pickel aus dem animierten Gesicht sprießen, die dann zwischen geübten Smartphone-User-Daumen und -Zeigefinger virtuell zum Platzen gebracht werden müssen. Merles Rekord liegt übrigens bei 48 Furunkeln in der Minute!

Eine kleine Auswahl völlig dämlicher Apps

☠ iDöner
Auf dem Bildschirm dreht sich ein Dönerspieß, mit den Fingern kann der User Fleisch absäbeln.

☠ iFart
Furzsimulator – damit kann zum Beispiel unter anderem ein verklemmter Mädchenfurz oder auch ein Durchfallpups mit etwas Land dabei zur allgemeinen Verwirrung in die Runde geschmettert werden.

☠ Hurl
Virtuelle Kotze kann aus einem zahlreichen Lebensmittelangebot zusammengestellt werden. Entsprechende Würgegeräusche ergeben sich je nach Essenswahl. Gulasch klingt zum Beispiel saftiger als Oreo-Kekse ... iPhone vor den Mund halten und los geht der Spaß mit dem virtuellen Erbrechen.

☠ Poo Log
Hier können Sie Fakten über Ihren letzten Stuhlgang festhalten – wie zum Beispiel Geruch, Konsistenz,

Dauer und Uhrzeit sowie Ihre individuelle Abwisch-technik. Via Facebook können dann die Daten mit denen anderer User verglichen werden. Vielleicht hat ja irgendjemand auf der Welt zur gleichen Zeit wie Sie einen ähnlichen Snickers aus dem Kreuz ge-drückt – das wäre doch ein lustiger Zufall, oder?

Wenn sich Merle am Nachmittag mit ihren Freundinnen trifft, dann sitzen sie nebeneinander und jede daddelt für sich an ihrem Smartphone rum. Neulich hat Merle an Pauline »WO-BIDU« (wo bist du) gesimst und zehn Sekunden später kam ein »Ich sitze neben dir auf dem Sofa, du Klappstuhl!« zu-rück! Ja, das kann schon mal passieren, wenn man mit sei-nem Samsung-Baby beschäftigt ist. Ganz gerne spielen die Koma-Tanten auch »Face Switch« auf ihren Smartphones. Da kann man verschiedene Gesichtspartien per Fotomonta-ge vermischen. Merle mit dem Kinnbart von Brad Pitt und der Nase von George Clooney – das ist soooooooooo witzig! Da haben sie ganz, ganz viel zu kichern. Nelly macht allerdings am liebsten Geschicklichkeitsspiele. Zum Beispiel das eine, bei dem man durch sensibles Kippeln des Phones ein Schei-ßeböllerchen auf einem möglichst langen Klopapierstreifen abwärtsrollen lassen muss, ohne dass es seitlich runterkul-lert. Total witzig findet sie, dass der Kackeklumpen dabei eine braune Bremsspur hinterlässt, da könnte sie sich so was von voll krass abollen!

Für unsichere Teenies wie Merle und ihre geklonten Freun-dinnen ist es ein Geschenk, dass sie die Buchstabenbrocken für ihre Kommunikation im Internet schon vorformuliert aus dem Netz saugen können, ohne ihre verkümmerten grauen

Zellen dafür anwerfen zu müssen, und dass alles, was sie gefühlsmäßig frustriert, einfach »weggeklickt« werden kann. So sollte es im realen Leben auch sein!

Vorsicht mit der modernen Technik!

Autokorrekturprogramme oder Software, die angeblich aufgesprochene Ansagen in geschriebene Kurznachrichten verwandelt, können beim Empfänger bisweilen massive Verwirrung auslösen. Zum Beispiel:

SMS	aufgesprochener Text
Alte Nutte!	(hallo Anette)
War Wunderbar	(war in Uno-Bar)
Evelyn getroffen	(etwas viel gesoffen)
Toll mit ihr geschlafen	(in Toilette eingeschlafen)
Koeln ist Wiesbaden	(komme mit der ersten S-Bahn)
Arsch du ego!	(Astaluego)

Und außerdem: Wozu selbstständig über die Freizeitgestaltung nachdenken, wenn einem doch von Facebook gesagt wird, was auf dem Programm für vollkommen einfallsfreie, ideenlose Blödflocken steht, die alles kritiklos chic finden, was im WWW angesagt ist? Wenn morgen Weltjogginghosentag ist, dann ziehen sie sich eben eine Schlabberhose an, selbst wenn sie das sonst nie im Leben machen würden. Wenn Welt-Lolli-Tag ist, dann haben sie natürlich den ganzen Tag einen Lutscher in der Kauleiste hängen, und wenn zum »Fahr-ohne-Hose-U-Bahn-Tag« aufgerufen würde oder

der »Klemm-dir-je-ein-Rosettenmeerschweinchen-unter-die Achsel-Tag« vom Netz diktiert würde, dann würden Merle, Pauline & Co. bestimmt auch da mitmachen, ohne groß darüber nachzudenken!

Eine kleine Auswahl völlig sinnfreier Welttage

21. Januar: Weltknuddeltag / Weltjogginghosentag
1. Samstag im April: Internationaler Tag der Kissenschlacht
25. Juni: Weltschlumpftag
19. September: Talk-like-a-pirate-Day
19. November: Welttoilettentag und nationaler Tag der Suppe

Und, Mädels, am 30. Juni ist Weltinkontinenztag – was aber nicht bedeutet, dass ihr euch da kollektiv zum In-die-Hose-Pinkeln verabreden sollt!

Etwas aktiver als Merle & Co. sind Moritz und seine Kumpels. Sie ziehen gerne um die Häuser und freuen sich, wenn sie ein paar ungechillte Spießer verwirren können. Ihre neue Leidenschaft ist »Planking«. Da legt man sich stocksteif auf dem Bauch, Gesicht nach unten und die Arme am Körper anliegend, irgendwo an möglichst befremdlichen Orten ab, lässt sich in dieser Position ablichten und stellt das Foto dann zum allgemeinen Amüsement ins Netz.

Letztlich geht es bei den Jugendlichen ja immer nur darum, krampfhaft Aufmerksamkeit zu erregen. Da scheint jedes Mittel recht. Je abgefahrener und spektakulärer die Bilder sind, desto besser natürlich! Moritz kann man sich im Internet beim Planking über zwei Toilettentrennwänden ansehen. Sein Kumpel Kolja »planked« auf einer Parkuhr. Torben auf der Treppe zum Kölner Dom. Heute wollen sie zum ersten Mal »Plumbking« ausprobieren. Da macht man einen Kopfstand *in* der Toilettenschüssel. Das ist der neueste Trend auf Facebook. Lange dauert es bestimmt nicht mehr, und dann ist »Shiteating« der letzte Schrei im Netz!

Kleine Auswahl seltsamer Fototrends im Internet

☠ Teapotting
Man nimmt im öffentlichen Raum die Haltung einer Teekanne ein: Ein Arm wird zum gebogenen Henkel, der andere zur Tülle stilisiert. (Ist eher was für unsportliche Anfänger.)

☠ Batmaning
Da hängt man stocksteif wie eine Fledermaus irgendwo kopfüber ab – zum Beispiel in einem Bushaltestellenhäuschen.

☠ Falling
Man wirft sich absichtlich im öffentlichen Raum möglichst spektakulär auf die Schnauze, reißt am besten noch ein Regal oder einen unschuldigen Passanten mit sich und lässt sich dabei filmen, um dann auf YouTube möglichst viele Klicks zu bekommen.

☠ Owling

Der Darsteller imitiert eine Eule, setzt sich auf einer exponierten Stelle wie ein Greifvogel ab und glotzt dann regungslos mit großen Augen in den öffentlichen Raum. Logo – wer seinen Kopf um 360 Grad drehen kann, ist der absolute Held.

☠ Frosting

Wenn es saukalt ist und am besten auch noch tief verschneit, dann zieht man sich einen Bikini an und geht z. B. Rasen mähen oder man spielt nackt Minigolf – Hauptsache, die restliche Welt wundert sich!

☠ Bradying

Hier sollte man möglichst bedröppelt mit gesenktem Haupt und ineinander verschränkten Händen am Boden sitzen wie der enttäuschte American-Football-Star Tom Brady nach dem verlorenen Super-Bowl-Finale.

☠ Balconing

Man klettert auf das Balkongeländer eines Hotelzimmers, breitet die Arme aus und stürzt sich mit einem Tarzan-Schrei todesmutig in die Tiefe – eigentlich mit dem erklärten Ziel, im Swimmingpool einzutauchen.

Sara steht nicht so auf Weichspülersprüche. Sie verschickt lieber »Provosprech« wie: »Hat dir schon mal jemand gesagt, dass du echt sexy aussiehst? Noch nicht? – Kann ich verstehen.«

Oder: »Du hast ein Gesicht wie ein Lexikon – aufschlagen – zuschlagen – und immer wieder nachschlagen!« So kann man sich auch wichtigmachen und Aufmerksamkeit bekommen.

Ganz viel Spaß bereitet es Sara, Leute in peinlichen Situationen zu filmen und die Aufnahmen dann ins Netz zu stellen. Ihr letztes Video, auf dem Biotonne Yasmina im Sportunterricht ins Trampolin donnert, grausam am Kasten zerschellt und schließlich samt Hilfestellern von den Einzelteilen des Sportgerätes begraben wird, hatte in einer Woche über 1000 Klicks. Jetzt hat Sara zum ersten Mal zu einem Flashmob aufgerufen. Flashmobs sind spontan wirkende Blitzaufläufe von Menschen, die sich zuvor über das Internet zu einer, meist sinnfrei erscheinenden, gemeinsamen Aktion verabredet haben. Das kann zum Beispiel eine Polonaise sein oder alle Teilnehmer bleiben auf ein vorher abgesprochenes Signal hin stocksteif stehen. Auch eine Phalanx aus Leuten mit aufgespannten Regenschirmen zu bilden, ist sehr beliebt. In der Düsseldorfer Fußgängerzone haben sich einmal Hunderte von Jugendlichen zum »BANANA BANG« getroffen und sich gegenseitig mit Bananen bedroht, um dann gleichzeitig reglos für einige Zeit auf dem Boden liegen zu bleiben. Sara wollte natürlich wieder auf »provo« machen und hat zum Rudelpissen in den Stadtpark Herne eingeladen. Irgendwelche dumpfbackigen Mitläufer kommen immer und irgendein verfängliches Filmchen ist bei diesem Motto allemal drin, mit dem man dann wieder bei YouTube punkten kann.

Am 11. Dezember 2011: In München verabreden sich über 2000 Jugendliche über Facebook zu einem Abschiedstrinken in der Münchner S-Bahn, nachdem ein Alkoholverbot im Nahverkehrsbereich beschlossen wurde. Insgesamt wurden an 50 Zügen Schäden im sechsstelligen Bereich angerichtet.

Rotzlöffelalarm im Wartezimmer

In der Notaufnahme eines Kinderkrankenhauses am Rande von Berlin wird gerade der Patient mit der Wartenummer 306 aufgerufen. Ein 13-jähriges Mädchen, das beim Simsen gegen einen Laternenpfahl gelaufen ist und sich dabei derbe ein Loch in die Stirn gedengelt hat, tippelt, immer noch leicht bedröppelt, in Richtung Untersuchungszimmer. Heute ist wieder einer dieser Blindfliegertage! Da kommt ein Schusselkopp nach dem anderen hier reingetaumelt.

Es ging schon am Vormittag los, als eine Truppe Neuntklässler einer Oberschule angekeucht kam, die sich vor Unterrichtsbeginn bei einer Toilettenspray-Schlacht anlässlich des Welt-WC-Enten-Tages massive Reizungen der oberen Atemwege zugezogen hatte und für das Wochenende ein Sauerstoff-Partyzelt für 14 Personen reservieren wollte. Dann kam ein vierjähriges asiatisches Mädchen mit »ausgestorbenen Händen«, wie sich die Mutter ausdrückte. Die blau angelaufenen, tatsächlich äußerst leblos wirkenden Flossen waren letztendlich jedoch auf die nicht ganz farbechte Billigknete aus der Kita zurückzuführen.

In Osnabrück sprengte sich ein Siebenjähriger auf der Toilette in die Luft. Nach einer ausgiebigen Sitzung nebelte der kleine Scheißer, passend zum Frühjahrsbeginn, das stille Örtchen üppig mit dem Raumspray »Frühlingserwachen« ein. Im Anschluss wollte er seine eigene Duftmarke auch noch mit der Streichholzmethode übertönen. Das gelang ihm sehr eindrücklich. Die gewaltige Explosion riss eine natürliche Belüftungsöffnung in die Außenwand des

Mietshauses. Der »Sprengmeister« liegt nun mit schwersten Verbrennungen im Krankenhaus.

Dann dampfte so ein 16-jähriger Oberspacko mit Verbrennungen dritten Grades an seinem Allerwertesten an. Der angehende Koch hatte seinen Berufsschulkollegen beweisen wollen, dass man mit einem angezündeten Furz eine Crème brûlée vorkaramellisieren kann wie mit einem Bunsenbrenner. Der Kunstpupser stand echt unter Schock und verlangte mehrfach nach einer »Brund-und-Wand-Salbe«. Immerhin verdeckte eine lange Kochschürze seinen abgefackelten »Windbeutel«. Denn von der schwarz-weiß karierten Arbeitshose, durch die er sein Methan gepupst hatte, war nicht mehr viel übrig geblieben.

Dann blieb Patientin Nr. 305, Roxana, diese übergewichtige Assibratze mit dem goldenen »Wanna see my disco?«-Pailletten-T-Shirt, während des sechsminütigen Lungenbelastungstests einfach unvermittelt auf dem schnell zirkulierenden Laufband stehen und wurde ratzefatze so böse vom Bewegungsband rücklings in den Behandlungsraum geschossen, dass sie nun mit einer Gehirnerschütterung und einem doppelten Schlüsselbeinbruch auf Zimmer 201 liegt. Auch wenn der Lungentest nicht ganz eindeutig abgeschlossen werden konnte, geht Professor Dr. Grübel bei der Dönerfee aus Storkow von akutem Belastungsasthma aus.

Immer mehr Unfälle passieren bei der neuen Trendsportart **Car Surfing**. Jugendliche legen sich auf ein Autodach, krallen sich irgendwo fest und versuchen, der Fliehkraft zu trotzen.

Roxana war gerade einigermaßen erstversorgt, da musste der Professor dem verwöhnten Rotzlöffel Theodor von »Schlagmichtot« eine Softair-Patrone aus der Nebenhöhle pipettieren, die sich die zwölfjährige Knalltüte »aus Langeweile« (!) durch die Nase in den Kopf geballert hatte – und das während des Geografieunterrichts im Eliteinternat »Zu den bösen Schnöseln«, wie man das Institut gerne mal in dieser »JWD-Jejend« (Randbezirk) nennt.

Hier im Hildegardhospital wundert man sich jedenfalls wirklich über nichts mehr!

Nr. 307 ist jetzt dran. Pasquale, ein kräftiger Italiener. Bis gestern mit Brille ... er wollte nur eine Pistazie auf der Tischplatte knacken – allerdings mit seiner Stirn. Jetzt sieht der Kerl aus wie nach einem Klippensturz! Pasquales Mutter rennt seit Stunden laut jammernd mit ihrem Handy durch die Krankenhausflure und setzt aufgeregt parlierend ganz Italien von dieser Tragödie in Kenntnis.

»Mann, Mann, Mann! Wie soll det nur enden!«, murmelt Röntgenassistentin Ulla vor sich hin, denn schließlich ist heute auch noch Freitag. Das bedeutet: In ein paar Stunden werden hier schon wieder die ersten Komasäufer reingerollt.

Speedballing ist der letzte Heuler bei Jugendlichen: Mit Wodka getränkte Tampons werden vaginal bzw. rektal eingeführt. So kommt der Alkohol über die Schleimhäute noch wirkungsvoller und schneller in die Blutbahn, und man hat dabei nicht mal eine Fahne!

In diesem Moment stürmt eine aufgeregte junge Frau in die überfüllte Notaufnahme. Sie zieht ein äußerst verschreckt dreinblickendes Mädchen hinter sich her. Es ist so um die sechs Jahre alt und nur mit einem Bikini bekleidet. Nach außen hin wirkt es unverletzt – vielleicht etwas blass. »Meine Tochter hat ein 2-Euro-Stück verschluckt!«, ruft die Mutter der diensthabenden Schwester schon von Weitem entgegen, und dabei kämpft sie sich mit eindrücklichem Körpereinsatz durch die bedauernswert angeschlagene Patientenansammlung bis zum Empfangstresen vor. »Geldstück in die Backentasche, mit dem Rad ab zur Eisdiele, Schlagloch, weg war's!«, fasst sie das Schicksal der kleinen Stella zusammen.

Schwester Regula ist seit über 30 Jahren im Dienst. Sie bringt eigentlich so schnell nichts mehr aus der Ruhe. »Letzte Woche war'n 13-Jährijer hier, der hat beim Posteruffhäng' drei Reißnäjel verschluckt, die sind mittlerweile och wieder russjekomm', und wat soll ikk Ihnen sajen – dat Poster hängt! Wir Mediziner nenn' dat: ›Phänomen der dritten Hand‹ – Versicherungskarte bitte schön!«, sagt sie abgeklärt und hält Stellas Mama auffordernd die Hand hin. »Das kommt also öfter vor, dass Kinder derartige Fremdkörper verschlucken?«, vergewissert sich die Mutter, um sich selbst etwas zu beruhigen. »Die Friedhöfe sind voll davon!«, macht Schwester Regula ihren Lieblingswitz und erfreut sich an dem entsetzten Blick ihres Gegenübers. »Biste denn sicher, dat de nur eene Münze verschluckt hast?«, fragt Regula die kleine Stella. »Heute war schon eener da, der hatte sein komplettes Wechseljeld runterjeschluckt, der hat jeklingelt wie'n Sparschwein, als der hier rinnkam.«

Der 14-jährige Ding aus China wurde bei einem Unfall mit einem Bürostuhl schwer verletzt. Als der 104 Kilo schwere

Teenie vor seinem PC saß, explodierte plötzlich die Gasfeder des höhenverstellbaren Sitzmöbels. Dabei bohrten sich mehrere scharfkantige Metallteile in den Mastdarm des Buben. Der dicke Ding konnte erst nach mehreren Wochen wieder aus dem Krankenhaus entlassen werden.

»Manche Kleen, sind ja so heiß auf allet, wat jlitzert – wie die Elstern!«, plaudert Regula munter weiter aus ihrem reichen Berufserfahrungsschatz. »Letztens kam eene mit 'nem Stöppke uff'm Arm, der Silberfolie vonna Schokolade jejessen hatte. Als wir ihn jeröntgt hatten, ham' wa noch 'ne Büroklammer, 'nen Knopp, 'ne Haarspange und den Wehrmachtsanstecker von sein' Opa im Majen entdeckt. Is' och allet wieder russjekomm' – Stricknadeln sind da schon wat anderet.« – »Wie lange werden wir denn warten müssen?«, will Stellas Mama wissen. »Nüscht jenauet weeß man nich«, ist darauf Schwester Regulas Standardantwort. »So, meene Beste! Jetz' nehm' Se erst ma' Platz! Vor Ihn' sind noch der mit dem Apfelgriebsch im Jehörjang (Kerngehäuse im Gehörgang), die 'Kleene, die dat Spülmittel jesoffen hat, der mit der abjebissenen Zunge, zwee jebrochene Finga, 'ne »tote Oma« (offenes Bein) und eene Platzwunde! Heut' is wieder so'n Tach, da fliejen die Bruchpiloten nur so rin!«, sagt sie noch, »aber dit is amtlich! (das ist gewiss)«

Wie zum Beweis stürmt auch schon eine Horde Türken in den Raum. Mehrere Frauen mit bunten Kopftüchern strecken die Arme in die Luft und jammern: »Mashallah! Mesut kaputt, alles kaputt, alles kaputt! Mashallah!« Ein junger Mann hält einen kleinen, hübschen Jungen in den Armen. Dann bricht auf einmal die bärtigste der muslimischen Uschis mitten im

Raum zusammen, und ein ohrenbetäubendes Wehklagen der kompletten Großfamilie setzt ein, die sich um die Scheintote kniet und irgendetwas von einem bösen Auge jammert, das an all dem Elend schuld sein soll.

Aus einem Entschuldigungsschreiben an die Schule

Tizio kann nix komme. Ihm war unschuldik in eine Schleckerei verwickelt.

Der »kaputte Mesut« hat sich, nachdem die Aufmerksamkeit so urplötzlich von ihm abfiel, zwischenzeitlich einfach mal aufgerappelt, sich sofort in die Spielecke verkrümelt, der kleinen Vanessa den Holzzug aus der Hand gerissen und selbstverständlich die uneingeschränkte Herrschaft über die Modelleisenbahnanlage übernommen. »Pass ma uff, meen Freund, dit jibbt jleich wat vorn Zopp!« (Androhung von Kloppe), warnt Regula den kleinen Möchtegern-Macho noch, da holt Vanessa auch schon zum Gegenschlag aus. Das wohlgenährte Püppchen im Hannah-Montana-Muffin-Top kneift ihre Augen zu schmalen Schlitzen zusammen, wird noch tomatenroter im Gesicht, als sie ohnehin schon ist, und setzt gerade an, aufgebracht loszuquietschen, als sie sich auch schon volles Kanonenrohr in die Miniaturlandschaft übergeben muss. Das Eindrückliche ist, und das bringt sogar Mesut zum Staunen, dass die kleine rosa Prinzessin riesige, grüne Seifenblasen kotzen kann – sogar aus der Nase, denn Vanessa hat vorher eine Flasche Fairy-Ultra-Grüner-Apfel-Konzentrat gesüffelt – deswegen ist sie ja da. »Pass uff, dat se die Blasen nich' eenatmet, wa, sonst 'feift sie sich noch 'nen Ast (geht ihr die Puste aus)!«, weist Regula den perplex glotzenden Vater an und drückt ihm dabei einen Eimer und einen Putzlappen in die Hand: »Un' nu' wech mit det jrüne Jeschlonze (grüne Pampe)!«

In Soest wurde das Rote Kreuz zu einem kuriosen Einsatz gerufen. Ein zehnjähriger Junge war bei minus 15 Grad Außentemperatur mit seiner Zunge an einer Straßenlaterne haften geblieben. Ob der Junge freiwillig den Masten ablecken wollte oder von Schulkameraden dazu genötigt wurde, ist noch nicht geklärt. Die Sanitäter konnten den Jungen jedenfalls mit warmem Wasser relativ unbeschadet aus seiner unglücklichen Lage retten.

»Soll *ich* das etwa aufwischen?«, fragt der Vater des lebendigen Seifenspenders entsetzt. »Wenn de Bock hast, kannste och drinne schwimm'! Ick halt dir nich' uff! (Du kannst auch gerne ein Bad nehmen! Ich werde dich nicht daran hindern!)«, kontert die zunehmend genervte Krankenschwester. Dann klettert sie über die orientalische Auslegeware zu ihrem Schreibtisch zurück und mault dabei die türkische Großfamilie an: »Und ihr hört jetz' ma uff mit dit Jeseire (Gejammer)! Det is' ja zum de Platze (Gallenprobleme) zu kriejen (bekommen)!«

Da kommen zwei vollkommen Orientierungslose zur Tür hereingeschneit: Ole und Nils. »Mann, seid ihr in der S-Bahn jeboren, oder watt?«, werden die beiden Jugendlichen von der Stationsschwester empfangen, weil sie die Tür hinter sich nicht geschlossen haben. »Hier zieht et ja wie Hechtsuppe!« Und dann merkt Regula beim Anblick der völlig zugedröhnten Jugendlichen noch an: »Mann, Kinnas! Det war wohl och nich' nur 'ne Molle mit Kompott (ein Bier und ein Schnaps), wa?« Ole ist stolz, überhaupt selbstständig den Weg zum Krankenhaus gefunden zu haben, und will nun der Dame im weißen Kittel allen Ernstes glaubhaft machen, dass Kumpel Nils sich an Omas Pilzragout vergiftet hätte. »Du gloobst wohl, det ick uff de Wurstsuppe herjeschwomm'n bin, oda wat (Du glaubst wohl, du könntest mich verarschen)?«, schnauzt ihn Regula an. Sie kennt ihre Pappenheimer. Hobby-Junkie Ole ist nicht zum ersten Mal hier. Er hat schon die verschiedensten Giftstoffe ausprobiert. Beim letzten Besuch hatte er zu viel Engelstrompeten-Tee gesüppelt.

Bei einem Judowettkampf in Lemgo hat sich einer der Teilnehmer so unglücklich mit seiner festen Zahnspange im Kampfanzug seines Gegners verheddert, dass die Begegnung abgebrochen werden musste.

Ole hat sich vor ein paar Monaten auf Zauberpilz.de die Broschüre *In drei Tagen zum Pilzzuchtprofi* bestellt. Jetzt sprießen in seinem feuchtwarmen Zimmer spitzkegelige Kahlköpfe mit beeindruckend halluzinogener Wirkung. Ole hat heute nach der Schule 2 Gramm dieser Pilze in einem schönen Omelett herausgebraten und seinem Kumpel Nils verabreicht, der das Ganze aber offensichtlich nicht so wertschätzen konnte. Nils halluziniert extrem, hat Angst, von dem Trip nicht mehr runterzukommen, und leidet unter Panikattacken. Gerade wehrt sich der Arme gegen einen Angriff aggressiver Killerpilze, die, seiner Wahrnehmung nach, im Tiefflug durch das Wartezimmer pfeifen. Ständig duckt er sich, weil er jetzt auch noch meint, mit Spinatklößen beballert zu werden, die angeblich aus der Spielecke aufsteigen und auf ihn zugeschossen kommen. Den Haufen Moslems, die am Klinikboden liegen, hält er für einen durchtriebenen Dönerspieß, der mit einem bösen Fluch belegt ist und der danach sinnt, ihn bei lebendigem Leibe zu durchbohren. Deswegen versteckt er sich jetzt hinter einer Stuhlreihe, auf der die »abgebissene Zunge« und die »tote Oma« zusammen mit ihren Eltern wimmernd auf ärztliche Behandlung warten, umklammert zitternd einen Heizkörper, sagt zum Thermostat »Mutti« und erzählt ihm von unberechenbaren Lebensmitteln, die ihm nach dem Leben trachten. »Na, der is' meschugge! Woruff de een lassen kannst! Absolut reif für de Klapper (Nervenheilanstalt)!«, diagnostiziert Regula, jagt dem Verwirrten ein Beruhigungsmittel in den Hintern und schickt Ole mit den Worten »Und du jehst ma jeschwinde an de' Matratze horchen (legst dich mal flott ins Bett)« nach Hause. »Imma ran an de Ramme (immer müssen sie sich zulöten), wa?«, schimpft sie kopfschüttelnd vor sich hin. »Dit macht Lunte (Das macht Spaß)!«

In Leimen wurde ein Fünfjähriger ins Krankenhaus eingeliefert, der seine Augen nicht mehr öffnen konnte. Die große Schwester hatte dem Kleinen, während er schlief, Sekundenkleber auf die Lider geträufelt.

Die Nummer 308 leuchtet auf. Der Junge mit dem gebrochenen Finger ist dran. Nicolai. Ein klinikbekannter Vollchaot. Der zahnlose Junge mit den verwuschelten roten Haaren und dem um 180 Grad nach hinten geklappten Mittelfinger hat bereits ein Bein in Gips und etliche olle Schrammen im Gesicht. Trotzdem ist er mit dem Skateboard vorgefahren, die Rampe für den liegenden Transport hochgerauscht und bis zu Schwester Regulas Schreibtisch gedonnert – alleine. Nicolai ist Stammkunde hier in der Notaufnahme. Regula nennt ihn liebevoll »meene kleene Flitzpiepe« (kleiner, nicht ernst zu nehmender Doofi). »Der is' schlimma als 'ne Tüte Mücken!«, pflegt sie über den »Knallkopp« zu sagen. Seine Eltern begleiten ihn bei Knochenbrüchen schon gar nicht mehr. Es ist ja auch schon seine 21. Fraktur in seinem elfjährigen Leben.

Schon gewusst?

Ausgeschlagene Zähne können wieder anwachsen. Am besten transportiert man die kurzzeitig ausquartierten Beißerchen in kalter H-Milch zur Zahnarztpraxis.

Nicolai wurde schon 14-mal genäht, 11-mal geklammert und 8-mal geklebt. Das hat er sich genau gemerkt. Seine Milz wurde nach einem Sturz von einem Klettergerüst irreparabel zerschmettert. Er lag schon mehrfach im künstlichen Koma, aber eine kleine Gehirnerschütterung hat er eigentlich immer. Beim letzten Mal ist er unmittelbar nach dem Gipsabmachen (beide Unterarme) aus lauter Übermut über die neu gewonnene Bewegungsfreiheit durch die geschlossene Glastür des Behandlungszimmers gesprungen, hat sich dabei eine Handwurzel und die Nase gebrochen und ist wegen massiven Blutverlustes gleich mal für zwei Wochen auf Station geblieben.

Sehr geehrter Herr Prügel,
Bitte Entschuldigen Sie das Zuspätkommen meines Sohnes. Er hat sich heute morgen mit einem Eiwegrasierer schwer verletzt.
Hochachtungsvoll: meine Mutter

Eigentlich muss Nicolai im Wartebereich des Kinderkranken-hauses (zur eigenen Sicherheit – nicht weil er etwa anste-ckend wäre) in die Quarantänebox (Einzelhaft im Glaskasten), um groben Unfug auszuschließen. Anweisung vom »Bestim-ma von det janze« (Krankenhausleitung), nachdem »Don Ritalino« beim letzten Mal die Wartezeit nutzte, um einen rumstehenden Rollstuhl auszuprobieren, und damit die Trep-pe runterpolterte, was weder seiner Gesundheit noch der des Rollstuhls zuträglich war. Die Stiftzähne bekommt er erst wie-der eingesetzt, wenn er aus dem Gröbsten raus ist, haben daraufhin seine Eltern beschlossen. (Besteht da wirklich be-rechtigte Hoffnung?) Die Versicherung weigerte sich nämlich, die wöchentlichen Zahnarztkosten zu übernehmen. Heute ist Nicolai, seiner Aussage nach, nur vom »Stoppeldockbett« (er meinte wohl Doppelstockbett) geplumpst. Jetzt muss er erst mal zum Knochen-Fotoshooting. Na dann: Ran an'n Sarch (Sarg) und mitjeflennt (mitgeweint)! (Auf geht's, komm mit!)

Der »kaputte Mesut«, bei dem man, wider allen Erwartungen, später keinen bösen Dämon im Bauchraum finden, sondern schlicht einen Leistenbruch feststellen wird, hat inzwischen den durchsichtigen Plastikbeutel, in dem die abgebisse-ne Zungenspitze von Patient Sönke zwischen Eiswürfeln schwimmt, geklaumopst. Mit durchtriebenem Blick wandert er damit durch den Raum und versucht, möglichst viele Leu-te mit dem Amputat zu erschrecken. »Nu' is' et aber jleich zappendusta, Meesta (Meister)! Du hast ja wohl'n Ding an de Jondel! (Du spinnst wohl!) Wir sin' hier nich' in Marzipanien (Berlin-Marzahn)«, wettert Regula, packt sich das Kerlchen und gibt die lose Zunge an den rechtmäßigen Besitzer zu-rück. Sofort sind die Türken wieder hellwach. »Lasst du dem kaputten Mesut!«, droht der große Bruder, und schon ste-hen sie alle um die Krankenschwester wie die Minarette. »Nu' werd' ma nich' pampich (ungehalten) – machste nur Nasse bei (ziehst du nur den Kürzeren)!«, beschwichtigt Regula und wischt ungerührt die Pisse von Nils auf, der unter den Heizkörper gestrullert hat. Die Exscheintote versucht jetzt, mit ihren eingewachsenen Zehennägeln unter den Wartenden um Verständnis für ihren Zusammenbruch zu werben. Das rachsüchtige Zornröschen, Vanessa, donnert einen Holz-Bahnhof in Richtung Mesut, trifft aber nur die »tote Oma«, die auf der Stelle ohnmächtig wird. Wie aus dem Nichts ist nun auch noch ein magersüchtiges Gespenst erschienen. Das Knochenmobile mit einer selbst diagnostizierten »Magen-Damen-Infektion« will sich in dem ganzen Trubel »Peniszilin« verschreiben lassen, und Stellas Mama fragt zum 1000. Mal, wann sie denn jetzt endlich drankämen. Aber: »Nüscht jenauet weeß man nich« an diesem stinknormalen Tag in einer Notaufnahme am Stadtrand von Berlin.

Hamm – In die Notaufnahme wurde ein brüllendes, wild um sich schlagendes Kleinkind mit einer scheußlichen Wunde am Unterarm eingeliefert. Die Familie des Kindes war gerade von einer Indienreise zurückgekehrt und der Verdacht lag nahe, dass das Kind sich mit Lepra infiziert habe. Nachdem das Kind mit Medikamenten ruhiggestellt worden war und die seltsame Verletzung genauer untersucht werden konnte, stellte sich diese als alter, geschmolzener Lindt-Schokoladen-Osterhase heraus.

Nervensäge Typ 10: Der Neurotische

Wir sind ja hier zusammengekommen, um ganz offen miteinander zu plaudern, nicht wahr? Nicht immer nur mit diesem ewig versonnenen, nachsichtigen und liebevollen Lächeln in Anbetracht der Knalltüten und Neurotiker in Kindergestalt, die uns so begegnen. Also wollen wir es auch tatsächlich so halten. Raus mit dem Weichspülgang. Jetzt wird Tacheles geredet.

Es schickt sich ja irgendwie nicht, Kinder doof zu finden. Kinder sind ja noch so unfertig, so auf dem Weg – und alles Doofe an ihnen ist das böse Machwerk der sie umgebenden Erwachsenen. Ja, ja, das stimmt ja auch – aber trotzdem: Manche Kinder sind doof, nervig und sogar unsympathisch. Vielleicht – durchaus – können sie sich noch zu ihrem Vorteil verändern, ja, ja, das kann wirklich sein, aber *hier und jetzt nerven sie*. Und wer kann schon ausschließen, dass es nicht so etwas wie das Stinktier-Charakter-Gen gibt?

Wenn ein Kind Gummibärchen will und nicht kriegt und dann im Supermarkt so ein Geschrei macht, dass die anderen Leute nicht mehr in Ruhe über die Frage »Limettenblätter oder Koriander zum Thaicurry?« nachdenken können – okay, kann ich nachvollziehen.

Wenn ein Kerlchen Omma Wuttke mit dem Fußball aus Versehen die Dritten rauskickt – kein Spaß für Omma Wuttke, ganz klar, aber kann passieren, wenn die Jungs im Hof rumbolzen.

ABER: Wenn ein Kind es sich zur Eigenart gemacht hat, ständig schwierig und dagegen zu sein – dann regen sich Aversion und andere unschöne Emotionen. Dann verfliegen Großmut und Langmut – und was es alles noch so gibt – wie ein Babypups im Wind.

Beispielsituation: Morgens in der Hütte, sechs miteinander befreundete oder bekannte Familien zusammen in den Skiferien unter einem Dach, große Wohnküche, jeder kümmert sich ein bisschen um jeden, niemand weiß so genau, wem welches Nutella-Glas und wem welche Butter gehört. Chiara sucht noch ihren zweiten Handschuh und Ferdinand seine Skistöcke, mit denen er gestern vom Fenster aus Bergdohlen erdolchen wollte. Henry hat Ferdinands kleinen Bruder Adrian auf dem Schoß und hilft ihm beim Müslilöffeln, weil dessen Eltern noch pennen. Alles scheint soweit friedlich zu sein. Scheint.

Elinor sitzt schon am Tisch, während ihre Mama Barbara in ihrer Korbtasche rumwühlt. Elinor mag nämlich kein Nutella. Als Elinor ihr Brot mit der leckeren Paprika-Linsen-Cashew-Creme von ihrer Mama auf den Teller gelegt bekommt, holt sie blitzschnell aus und fegt den Teller samt Stulle vom Tisch. Schade, in der Hütte gibt es so hübsche blauweiße altmodische Porzellanteller. Jetzt ist es einer weniger. Aber warum musste das denn sein?

In Georgia hat die Polizei ein sechsjähriges Mädchen in Handschellen aufs Revier gebracht, nachdem es während eines Wutanfalls Bilder von der Wand gerissen und ein Regal umgeworfen hatte, das den ebenso ratlosen wie empörten Schuldirektor am Bein traf. Sie habe heftigen Widerstand geleistet, rechtfertigten sich die Beamten. Sogar der Vertrauenslehrer habe dafür plädiert, das Kind zunächst einmal zu verhaften.

Jetzt erst merken wir, dass Elinor sehr wütend aussieht, genau genommen so strunzsauer, als wolle sie sich gerade zur Sprengung des Suezkanals bekennen. »Ich glaube, es hat Elinor nicht gefallen, dass Florentine gerade ihre Bibi-Blocksberg-Tasse angefasst hat«, lässt Elinors Mama uns ein klein wenig entschuldigend, aber auch ein bisschen vorwurfsvoll wissen. Stimmt, meine Tochter Florentine hat die Tasse wegen des lustigen Aufdrucks wohl eben ein paar Sekunden in der Hand gehabt, weil sie mal gucken wollte, woraus andere am Morgen so ihren Kakao trinken. Von einem Tabubruch ahnte niemand etwas. Ich schaue meine Tochter Florentine an. Fassungslos, nicht so sehr, weil sie so etwas Empörendes zu tun gewagt hat, sondern weil Elinor so einen dollen Schuss hat. Ach so, das mit der Tasse hat dem Zornröschen also missfallen. Verstehe. Das hat sie irgendwie aus ihrer fragilen, gar nicht vorhandenen Morgenbalance gebracht. »Ich glaube, Elinor wollte, dass ihr Papa sich auf den Platz setzt, auf dem du jetzt sitzt«, setzt Barbara zur weiteren Erläuterung der üblen Laune ihres Terrortäubchens an. Aha. Nur dass Elinors Papa weit und breit noch nicht in Sicht ist. Und wir hier, soweit ich das mitbekommen habe, bisher keine feste Sitzordnung hatten, sondern jeder, der kommt, sich halt dahin setzt, wo gerade frei ist. »Außerdem …«, Barbara senkt die Stimme, so nach dem Motto »Jetzt mal unter uns zwei Verständigen und du weißt schon was ich meine«, »… fand Elinor es halt nicht so gut, dass Franzi einfach das Kissen von Amelie benutzt, obwohl die heute Skischule hat und nicht gefragt werden kann, und Jochen sitzt halt da, wo gestern die Julia Gitarre gespielt hat.« – Hm. Das sollen also Probleme sein?

Im dänischen Aarhus suchte eine fünfköpfige Familie Hilfe bei einem Therapeuten, nachdem kein Schritt und kein

Handgriff in dem Haus mehr getan werden konnte, ohne dass der achtjährige, mittlere Sohn der Familie nicht Anweisung dazu gegeben hätte. Das Kind setzte jeden Tag erneut fest, in welcher Reihenfolge morgens das gemeinsame Bad zu benutzen sei, schrieb Toilettengangpläne und verbat sich die Farbe Grün sowie orangefarbene Obst- und Gemüsesorten im ganzen Haus.

Kann hier mal jemand dieser kleinen Krampfliese eine Leiter hinstellen, damit sie aus ihrer Neurosensuhle rausklettern kann? Wie wär's mit den Eltern – hallo, Barbara!? –, die sie aber eher noch in ihrem Komplikationssumpf bestärken. Wer wichtig die Stirn runzelt à la »Tja, es passiert nun mal viel Schlimmes in der Welt«, wenn Kilian Apfelschnitze auf einem Teller anrichtet, auf dem vorher Birne lag, anstatt den Neurosenzwerg auf den Realitätstopf zu setzen und ihm den Unterschied zwischen einem echten, berechtigten Anliegen und einem Gängelei-Anfall zu erklären, züchtet sich eben genau so einen diffizilen Knallkopp, der dann seine ganze Umwelt behelligt.

Anderes Beispiel: Jana hockt immer nur mit Dreitagenieselregen-Gesicht in der Gegend rum und macht möglichst miese Stimmung, egal wie gut und friedlich die anderen drauf sind. Ja, ja, wenn so ein armes Kind dauerschlechtgelaunt ist, ist es sehr bedauernswert und man muss ihm helfen, irgendwie. Aber hier und jetzt habe ich frei und bin nicht auf einem Crashkurs für dauerwachsame, selbstlose, psychologieinteressierte Ersthelfer, immer im Dienst, den unschuldig in Not geratenen Kotzbrocken der anderen auf die Lebenssprünge zu helfen. Und Jana ist weiß Gott keine Unbekannte. Sie ist der Nullbockbollen, der im Verdacht steht, das bereitwillige Gehampel der Erwachsenen durchaus zu genießen, wenn etwa das Geburtstagskind mit großen Augen auf das erste Spiel wartet, aber alle sich um Jana bemühen, die sehr verstimmt ist, weil an der Kindergarderobe nur noch einer von den nicht so hübschen Haken für ihre Jacke frei war. Sie hat zwar *noch nie* bei einem einzigen Spiel mitgemacht, aber gelegentlich wird sie doch zu einem Kindergeburtstag eingeladen, und sei es nur aus Mitleid mit ihrer strukturschwachen, dauerratlosen Mutter, die zwar weiß, wie eine Getreidemühle funktioniert, damit man sein Müsli selber schroten kann, ansonsten jedoch keinen Peil vom wirklichen Leben hat.

Die Mutter eines Vierjährigen im französischen Lyon hat irgendwann sicherheitshalber den Notarzt gerufen, weil ihr Sohn sich dermaßen in Rage gekreischt hat, nachdem er es sich auf einem voll besetzten Spielplatz an einem Sonntag in den Kopf gesetzt hatte, allein im Sandkasten zu sitzen, wobei die Schaukeln nicht benutzt werden und die anderen Mütter nicht auf den Bänken sitzen sollten.

Wenn sich ein Kind dann doch mal für einen Nachmittag mit Jana getroffen hat, weiß es danach, wie sich der Schwur »Nie wieder!« anfühlt, weil Jana vor lauter wortkargem Alles-Bestimmen gar nicht zum Spielen, nicht mal zum Kekseessen kommt und zwischendrin derart sauer werden kann, dass sie schon mal zuhaut. Nur willensschwache Kinder mit erheblichem Selbstwertproblem brauchen eine Weile, um sich aus Janas Klauen zu befreien.

Ein Hoch auf die Normalität, auf Gelassenheit, auf gesunde Bescheidenheit und die Kirche, die im Dorf gelassen wird!

Rotzlöffelalarm beim Kanakdeutsch

Kanakdeutsch, Kanaksprak, Türkendeutsch, Türkenslang, Gettodeutsch, Kiezdeutsch. Wie nähert man sich diesem Phänomen am besten? Muss ich diese Sprache richtig ernst nehmen, gar als neue migrationsspezifische Variante des Deutschen betrachten? Darf ich mich über Erkan und Stefan und die anderen Kanakdeutsch-Comedians überhaupt abrollen? Oder soll ich glauben, was immer mal wieder ein ernsthaft beflissener Sprachwissenschaftler allenthalben beteuert: Dass die Kanaksprak-Sprecher, die mir in der Aldi-Schlange »Hier gibt's gleich Pitbull, wenn dem Aldi-Tuss kein neuem Kass aufmacht, isch schwör« ins Ohr schallen – wenn sie denn wollen – durchaus korrektes Hochdeutsch sprechen können. Wenn sie eben wollen. Oder dass es erstaunlich kreativ sei, wie da Deutsch, Türkisch und andere Mirgrantensprachen gemixt werden. Oder beschwören die Sprachforscher da nur krampfhaft etwas, was sie selbst nicht wirklich glauben? Weil es eigentlich gar nicht wahr sein darf, dass kein geringfügiger Teil der jungen Generation spricht wie ein verstopfter Mörser: sprotzend, stauchend, stotternd, irgendwie, dabei ungemein übellaunig und ungehalten wirkend, bedrohlich auch – und dermaßen beschränkt, dass man in der latent wabernden Aggression und Dominanzstimmung eh jede Hoffnung auf ein mögliches klärendes Gespräch aufgibt? Also amüsieren wir uns lieber einfach nur darüber?

Johann Wolfgang Goethes
»Ich ging im Walde so für mich hin«

Scheisse Wald
Geh isch so
Isch weiß auch nisch

Plötzlisch konkret die Nelke
Sie kuck misch so
Yalla, Alta
Obern korrekt die Tuss!

Isch will ihr checken
Sie so:
»Mach misch nisch Vase!
Oder isch hol mein Brudern!

Siehssu dem Wurzel
Nimmsu Scheissenmesser und
Yalla grabsu,
und bring misch zu Haus, Alta!«

Isch so:
»Bin isch obi?
Isch geb dir gleisch grabsu
Verpiss du disch – scheisse Nelke!«

Wie nett. »Reduktion« heißt das Zauberwort. Vergessen Sie
schon mal so aufgepimpertes Zeug wie Genitiv, Reflexivpro-
nomen, Präpositionen, Ableitungssuffixe und Desiderativ-
sätze. Es reichen eigentlich drei Adjektive: »krass«, »korrekt«

und »konkret«, na, sagen wir »geil« und »scheissndreck» als quasi-Adjektive zählen wir auch noch dazu. Damit geht dann kommunikationstechnisch alles: Ob man sich »eim konkretem Dönern« kauft, »sein krassem Dreiern BMW von eim zum nächstem Ampeln jagt« oder »auf korrektem Party abfeiern'« geht, na, und eben noch den »scheißndreck Opel von Onkel in dem Werkstatt an Rand von Stadt mit nix los fährt« und bei der Gelegenheit »die geilem Schnalle im Containerbüro anbaggeren«. Damit wären auch schon gleich die Hauptverben vorgekommen: »kaufen«, »fahren«, »feiern«, »baggern«. »Saufen« und »verpissen« fehlen vielleicht doch noch. Wozu sich abmühen mit »Ich habe vor, heute Abend ins Kino zu gehen«, wenn man auch »Isch geh Kino« rauslümmeln kann, warum »Käme doch endlich die S-Bahn!« hauchen, wenn man auch »Isch wart scheißndreck S-Bahn« hinrotzen kann. Womit wir mittendrin stecken im Vorurteil? Aber – frag ich mich – wie soll ich das ablegen, so wie sich das anhört? Diese allerhöchstens 1000, wahrscheinlich eher nur 200 verschiedenen Wörter und Prolllaute, die man braucht, um astreines Kanakdeutsch von sich zu geben, sind nicht dazu geeignet, mir Respekt – noch so ein Zauberwort – abzuverlangen. Aber zum Abgrenzen taugt es gut. Und wenn Jugendliche mit deutschem Familienhintergrund nicht außen vor sein wollen in bestimmten Umgebungen, dann tun sie gut daran, sich den Ethnolekt ebenfalls anzueignen, damit es mit der Verständigung auch hinhaut.

Die Sprachvarietät zeigt sich darin, dass man systematisch Bestandteile weglässt und andere durch fremdsprachige Wörter ersetzt, zum Beispiel: »Yalla, Alda, lass ma' Schule gehen!« (Los, Alter, lass uns zur Schule gehen!) Natürlich ist es sehr viel wahrscheinlicher, dass man zu hören bekommt: »Yalla, Alda, blauem Brief is' scheiß mir egal, lass ma' Dönernofen suchen.« Echte Könner ersetzen das »Alda« noch durch »Lan« (türkisch für »Alter«). Also etwa: »Siktir, Lan, isch mach disch Messer!«, falls man gern die Drohung »Verpiss dich, Alter, oder ich schlitz dich auf!« loswerden möchte. »Mashallah« oder »Inshallah« (Was Gott will) machen sich ebenso gut wie »wallah« (ich schwöre), wenn man eine Aussage betonen möchte, etwa »Was geht, da gibt's so geilem Klub immer, wallah.« Und wie wär's mit der kameradschaftlichen Anfrage: »Ey, was guckst du, Brudern, hassdu noch nie gesehen korrekte Kickbox-Trick mit fies?« Oder falls man einfach ein bisschen Konversation betreiben möchte: »Isch glaub dem isch gleisch Terminator, ey, weissu, wie isch mein, so?«

Nachdem wir uns jetzt so schön in die verschiedenen Möglichkeiten der bereichernden Sprachvarianten eingehört haben, möchten wir zum Abschluss ein nettes kleines Quiz anbieten. Von drei Märchen der Gebrüder Grimm geben wir jeweils in leicht abgewandelter Form den Anfang wieder, und Sie sollen herausfinden, um welche alten Volkserzählungen es sich handelt:

1. Da war mal eim geilen klein Tuss, dem hat immern so konkret rot scheissdreckn Wollmütze aufmhabt, krass uncool, weissdu, isch schwör, ey!

2. Es war ma ein konkret geil alte Tuss, dem hatte Stieftochtern. Dem alte Tuss hat immern in seim Spiegeln geglotztn und dem krass angelabert: »Spiegelen, Spiegelen, an dem scheissndreck Wand, wem ist dem geilste Tuss in ganzn Land?« – »Ey, du selbern, isch schwör«, hat dem Spiegelen gelabert.

3. Ahmed und Gülcin latschn dursch Wald, auf Suchen nach korrekte Baum, und verirren sie sisch konkret in Wald. Gülcin fragt: »Ey, Ahmed, hast du so konkretem Plan, wo wir scheißdreckn sind?« Ahmed: »Nee, fett! Hab isch in mein schwule Tasche, oder was geht?« Gülcin: »Bissdu obernkrass dumm in Kopf! Aber isch riesche korrekt Essem!«

Ja, genau, das waren Rotkäppchen, Schneewittchen und Hänsel und Gretel! Yalla, Alta, da geht was!

Nervensäge Typ 11:
Zappelphilipp und Störenfrieda

Philipp steckt voll unkontrollierbarem Tatendrang. Er muss einfach alles ausprobieren.

Wie viel Kraft muss zum Beispiel ein Sechsjähriger aufwenden, um eine gefüllte Papiertonne umzuwerfen?

Philipp hat es herausgefunden.

Mit welchem Aufgebot kommt die Feuerwehr, wenn man den ausgeleerten Inhalt anschließend mit einem Chinaböller in Brand setzt?

Alarmierend viele!

Wie lange trägt eine Eisschicht von 8 Millimetern?

Diese Frage hat Philipp ganz eiskalt erwischt.

Passt ein Labrador in die Trommel eines Wäschetrockners?

Ja, mit etwas Nachdruck schon!

Kann man an einem Regenfallrohr bis zur Dachrinne hochklettern?

Sicher, auch das kann man schaffen. Philipp würde allen Nachahmern jedoch empfehlen, den Vorgarten vorher mit einer doppelten Schicht Eierkartons auszulegen.

Warum soll man nicht an einen Elektrozaun pinkeln?

Philipp weiß die Lösung bereits, findet aber, das sollte jeder am besten selbst rausfinden!

Wie laut kann eine dreijährige Schwester quietschen, wenn man sie in ein Brennnesselfeld wirft?

»Völlig übertrieben laut«, konnte Philipp feststellen.

Warum sollten Regale immer fest mit der Wand verschraubt sein?

Philipp hat auch dieses Geheimnis gelüftet.

Durch mehrere Langzeitstudien konnten amerikanische Psychologen belegen, dass die Hälfte aller Kinder, die mit sechs Jahren als hyperaktive Unruhestifter negativ aufgefallen waren, im Teenageralter straffällig wurden.

Allerdings gilt Jugendkriminalität im statistischen Sinne als »normal«. Über 80 Prozent aller Jugendlichen geben an, vor ihrem 18 Geburtstag mindestens einmal geklaut oder Sachbeschädigung begangen zu haben. Die meisten dieser Bagatelldelikte bleiben unentdeckt.

Wie groß ist die Wahrscheinlichkeit, einen Volltreffer zu landen, wenn man ohne zu gucken einen Blumentopf vom Balkon auf den frequentierten Gehweg plumpsen lässt?

Philipp arbeitet noch an einer repräsentativen Statistik.

Wie viele Weintrauben kann man in ein Nasenloch stecken?

Philipp schafft pro Seite vier große, bei der kleinen Schwester gelang es ihm, nur zwei mittlere und eine zerquetschte zu versenken.

Wie tief bleiben Dartpfeile in Nachbarskatzen stecken?

Unterschiedlich.

Wie weit bohrt sich ein übergewichtiger Zeitgenosse in den Untergrund, wenn er von einem drei Meter hohen Spielgerüst plumpst?

Da hätte Philipp, ehrlich gesagt, auf ein eindrücklicheres Ergebnis gehofft.

Wie schmecken Opas Weinbrandbohnen?

Nicht ganz so lecker wie Eierlikör.

Kann man eine tiefgefrorene Wüstenspringmaus in der Mikrowelle wieder reanimieren?

Leider nein!

Warum soll man vom Einmeterbrett keinen Salto machen, wenn im Pool noch kein Wasser ist?

»Das kann Philipp, wenn er Glück hat, voraussichtlich in einem Monat beantworten.« Das behauptet zumindest sein behandelnder Stationsarzt.

Wissenschaftler gehen davon aus, dass werdende Mütter, die passiv rauchen, Gefahr laufen, hyperaktiven Nachwuchs zu bekommen. Es wird aber auch ein Zusammenhang mit dem Konsum von Lakritze während der Schwangerschaft für möglich gehalten. (Wirklich wahr!)

Bei den Radaubrüdern muss man zwischen zwei Unterarten differenzieren:

Dem furchtlosen Bruchpiloten, auch Gefahrensucher genannt, der sich gnadenlos selbst überschätzt und dabei hauptsächlich sich selbst gefährdet. Zu denen gehört wohl Philipp oder auch »Flitzpiepe Nicolai«, den wir aus der Notaufnahme kennen, und der **hinterfotzigen Knalltüte**, die vor allem Spaß daran hat, anderen zu schaden, und die, vielleicht sogar unbewusst, versucht, durch negative Energie an verstärkte Aufmerksamkeit zu kommen. Das sind Typen wie Samuel (»Struppi«) und Tim, die gerne mal mit wasserbefüllten Luftballons aus dem Hinterhalt auf Passanten werfen, die versuchen, mit Schneebällen in Kinderwagen zu treffen, die Böller in Altkleidercontainer stecken oder die mit verbotenen tschechischen Krachern Kloschüsseln aus der Wand sprengen, die Chilipaste unter Türklinken schmieren oder Hundekacke auf Fahrradsättel und die ihren Schulkameraden heimlich ins Essen spucken oder in die Fanta pinkeln.

Lörrach – Ein 14-jähriger entwendete im Chemieunterricht ein Stück Kupfersulfat und warf es in der Pause unbemerkt einer Mitschülerin in die Cola. Seiner Angabe nach wollte er damit testen, ob sich deren Zunge daraufhin blau verfärben würde. Dieses chemische Experiment hätte dem Mädchen beinahe das Leben gekostet.

Da hilft auch keine Strafarbeit, kein Verweis und kein Disziplinarausschuss. Jungs wie Tim und »Struppi« müssen immer Scheiße bauen. Entschuldigen Sie bitte diese derbe Ausdrucksweise, aber diese Streiche haben wirklich gerne etwas mit körperlichen Ausscheidungen zu tun. Im Disziplinarausschuss weinen die Bengel dann auch schon mal reumütig und geloben Besserung. Aber vergesst es, Leute! Schon am nächsten Tag spritzen sie wieder Colafontänen durch das Treppenhaus oder es fliegen zumindest Stinkbomben in fremde Schulranzen! Doof genug, wenn man sich mit den Schandtaten dann in Facebook brüstet, wie die Idioten aus England:

Ein Schuldirektor aus Newcastle upon Tyne hat mehrere seiner Schüler vom Unterricht suspendiert, nachdem ihm Bilder auf Facebook zugespielt worden waren, auf denen besagte Sechstklässler dabei zu sehen waren, wie sie ihre Penisse in die Kaffeetasse ihrer Deutschlehrerin steckten.

Aber auch Mädchen neigen immer mehr dazu, böse Streiche zu spielen und einen auf »dicke Molli« zu machen. Während es bei Jungs tendenziell eine gewisse Zerstörungswut ist, die sie zu gröberem Unfug antreibt, schlagen die Störenfriedas eher aus beziehungstechnischen Gründen zu. Die siebenjährige Xenia hat Jungenschwarm Noreen aus Eifersucht einen Kaugummi in die Engelslocken geklebt und Ronja hat ihrer zehnjährigen Zimmergenossin nachts im Landschulheim mit

Edding »Biedsch« auf die Stirn geschrieben, weil die Schlampe angeblich von Ronjas heimlichen Schwarm William einen Liebesbrief erhalten hatte.

Ein Viertklässler vertraute der Schulpsychologin an, dass er nach dem Sportunterricht von fünf Mitschülerinnen im Geräteraum festgehalten und gewaltsam entkleidet wurde. Die Mädchen besahen sich sein Genital und ließen ihn schließlich unter großem Gekicher frei.

Sobald die kleinen Radaubrüder/-schwestern schulpflichtig werden, wird ihnen das Zwangszappeln ärztlich attestiert. Damit haben die gepeinigten Erziehungsberechtigten den Freibrief in Händen, allen vorwurfsvollen Mitmenschen, die unter den Terrorzwergen zu leiden haben, Intoleranz vorzuwerfen, sobald diese irgendwie auf die abwegige Idee kämen, sich über die Kleinen beschweren zu wollen. Wir Gutmenschen haben dann gefälligst hinzunehmen, was diesen kranken Knallköpfen einfällt, die über den Bewegungsdrang verfügen, der dem des unermüdlichen Duracell-Hasen vergleichbar ist – nur dass diese Activity-Spackos es nicht beim Dauertrommeln belassen, was freilich schlimm genug wäre, sondern eine unfassbar chaotische Aktion nach der anderen starten.

Ein »Klaps auf den Po« gilt, trotz des »Gesetzes zur Ächtung von Gewalt in der Erziehung«, das in Deutschland seit dem Jahr 2000 gilt, als juristisch unbedenklich.

130

Grundschullehrerin Simone F. steht kurz vor einem Burn-out. Sie hat drei hyperaktive Knallfrösche in ihrer dritten Klasse: Sebastian, Severin und Richard.

Der eine Testosteronkobold wickelt sich gerade in den Vorhang ein. Das macht er immer, wenn er zornig ist, weil er sich ungerecht behandelt fühlt, also: halbstündlich! Im Moment will er einfach nicht einsehen, dass man Wurstscheiben aus fremden Pausenbroten nicht an Fensterscheiben kleben darf.

Severin krabbelt währenddessen unter den Tischen rum und verknotet heimlich die Schnürsenkel seiner Mitschüler, und Sebastian musste wieder mal vor die Tür, weil er trotz mehrfacher Verwarnung nicht damit aufgehört hat, aus Buchseiten Papierkugeln zu drehen, diese zu kauen und dann durch das Klassenzimmer zu spucken. Die Säuberung wird die türkische Putzfrau übernehmen, denn der Papierkugelspucker und der Wurstscheibenwerfer haben dafür keine Zeit. Sie müssen nach der Schule gleich zum Taekwondo – Ausgleich zum Schulstress! Da darf sich dann der koreanische Trainer mit den Sprungfedern rumschlagen. Übrigens wird man später feststellen, dass Sebastian die Bedenkzeit außerhalb der Klassengemeinschaft dazu genutzt hat, in der Garderobe in die Winterstiefel seiner Mitschülerinnen zu pinkeln. Der Lehrerin wird man Verletzung der Aufsichtspflicht vorwerfen, und Severin darf zur Strafe am Wochenende mit Delfinen schwimmen. Urlaub statt Knast!

Recklinghausen – Zwei zehnjährige Buben haben während der traditionellen »Hexennacht«, vom 30. April auf den 1. Mai, einen Mini mit Damenbinden der Marke Feel free beklebt. Der Besitzer des Autos fesselte aus Wut einen der Täter mit einem Paketband an Händen und Füßen und stopfte ihm dann eine der Damenbinden in den Mund. Mit dieser Maßnahme wollte der 20-Jährige die Kinder dazu zwingen, sein Auto zu säubern. Gegen ihn wird wegen Freiheitsberaubung ermittelt.

Fräulein F. muss insgesamt 30 Drittklässlern gerecht werden. Über ein Drittel davon spricht kein Deutsch. Es gibt vier anerkannte Legastheniker und ein Mädchen mit Dyskalkulie (Matheschwäche). Heute Morgen, vor dem Unterricht, war schon Severins Mutter da und hat sich mal wieder die »völlig unfähige« Pädagogin zur Brust genommen. Ihr Sohn sollte zu den Themen »Warum ich die Federmäppchen anderer Kinder nicht in die Backentasche stecken soll« und »Wie traurig ist wohl mein Mathearbeitsheft, nachdem ich es schon wieder zu Hause vergessen habe?« je einen Aufsatz verfassen. Das hat Severin, auf Anweisung seiner Mami, freilich nicht getan, denn sein Benehmen sei, wie seine Mutter weiß, ausschließlich auf die unsensible Art und die vorsätzliche, rücksichtslose Unterforderung zurückzuführen, die allein das Fräulein F. zu verantworten habe. Severin ist aus Sicht seiner Eltern hochbegabt, attestiert wurde dies nicht, die Lehrerin schließt den Verdacht sogar gänzlich aus.

Gespräch unter zwei neuen
Kolleginnen im Lehrerzimmer

»Hast du eigentlich Kinder?«
»Ja, wie die Pest!«

Sie hält ihn mehr für ein vorlautes Plappermaul, während seine Mutter sagt, er sei auffallend eloquent. Die Lehrerin beschreibt Severin als planlosen Chaoten, seine Mama sieht in ihm den flexiblen Multitasker vor dem Herrn. Ja, wenn man unbedingt will, kann man dessen übermütige Furchtlosigkeit auch als überdurchschnittliche Dynamik beschreiben und seine Unkonzentriertheit, gepaart mit dem Drang, ständig durch das Klassenzimmer zu laufen, als fantasiegeleitete Spontaneität. Aber Fräulein F. hat kein Wohlwollen mehr. Sie entwickelt Gewaltfantasien gegenüber diesen ADHS-Monstern und deren verklärten Ökomuttis, die von ihr allen Ernstes erwarten, dass sie diese durchgeknallten Vuvuzelas bei emotionalen Schieflagen mit der EFT-Methode aus dem Tief hilft. Sie soll dann bestimmte Meridianendpunkte in den Gesichtern dieser Intelligenzparodisten akupressieren, um deren Geist und angeschlagene Seelchen wieder in harmonischen Einklang zu bringen. Fräulein F. hat aber keine Lust mehr auf Kuschelpädagogik. Sie möchte, dass Tick, Trick und Track mit Ritalin zugepumpt werden, bis sie apathisch am Stuhl kleben und nicht mehr »Hurz« sagen können. Sie hat keinen Bock mehr, Richard aus dem Vorhang zu säuseln und ihm die blockierten Lebensenergie-Kanäle zu massieren! Sie hat nur noch Lust, diesen tollwütigen Frettchen die Fresse zu polieren! So sieht's aus!

In der DDR wurden Körperstrafen an den Schulen 1949 abgeschafft, in Westdeutschland – bis auf Bayern – im Jahr 1973. Die bayerischen Lehrkräfte betrachteten die körperliche Züchtigung von Schülern als ihr Gewohnheitsrecht und prügelten erlaubterweise bis in die Achtzigerjahre weiter.

Rotzlöffelalarm bei den Zeugnissen

Der Lehrer schreibt ...	... meint aber tatsächlich
»Die Hausaufgaben erledigte er sehr häufig nur unvollständig, fehlerhaft und in äußerst bedenklicher äußerer Form.«	Den Zettelsauhaufen, den der Typ da mit sich rumschleppt und mir als Hausaufgabe verkaufen will, würde ich nicht mal dem Altpapier zumuten.
»Die Lehrkräfte beklagten durchgängig einen bedauerlichen Mangel an Kooperationsbereitschaft.«	Dieses Früchtchen hat ohne Ende genervt, genölt, gestresst und war zu nichts zu gebrauchen, nicht mal zum Tafelwischen.
»Gegenüber den Lehrkräften traf er häufig keinen angemessenen Ton.«	Unverschämtheit, mit welcher Selbstverständlichkeit diese verzogenen Blagen ihr freches Maul aufreißen.
»Ihre Schulbücher und Arbeitshefte behandelte die Schülerin ohne jede Sorgfalt.«	Ein Wunder, dass es zwischen den Seiten nicht geschimmelt hat – widerlich!
»Die Schülerin zeigte keine Motivation und beteiligte sich nicht aktiv am Unterrichtsgeschehen.«	Die Schaluppe hing die ganze Zeit Kaugummi kauend und gähnend in der Bank und hat die Stimmung der ganzen Bande in den Keller gezogen.

»Der Schüler fehlte häufig unentschuldigt, kam meistens zu spät und demonstrierte seine Gleichgültigkeit gegenüber schulischen Belangen.«	Dann eben nicht. Ich hab Besseres zu tun, als mir von irgendeinem Frustknödel die Zeit stehlen zu lassen.
»Der Schüler scheiterte an den Aufgaben, die ihm gestellt wurden.«	Ich geb auf, da ist nichts zu wollen.
»Sie ließ sich durch Misserfolge nur allzu leicht entmutigen.«	Meine Güte, dieses ewige Geheule ist doch ein nutzloses Elend.
»Es gelang ihm nicht, sich über einen längeren Zeitraum hinweg zu konzentrieren.«	So was Hektisches hab ich selten gesehen. Wie viel Ritalin darf man einem Kind eigentlich auf einmal geben?
»Die Anwendung des Erlernten in anderen Zusammenhängen gelang ihm nicht.«	So ein Blödmann.
»Es gelang ihm nicht, ein konstruktives Verhältnis zu den Lehrkräften aufzubauen.«	Sozialspastiker.
»Der Schüler war stets bemüht, mit seinen Klassenkameraden zurechtzukommen.«	Gehemmter Trottel.
»Sie benötigte zusätzliche Hilfestellungen zur Sicherung der Lernziele.«	Die hat aber auch gar nichts auf Anhieb kapiert.

»Sein aufbrausendes Wesen bereitete ihm zuweilen Probleme in der Klassengemeinschaft.«	Dieser Aggro hat es sich aber auch mit jedem einzeln verscherzt.
»Der Schüler spricht oft hastig und undeutlich.«	Dem armen Kerl scheint zu Hause niemand zuzuhören.
»Der Schüler benötigt sehr viel Lob und Erfolgserlebnisse.«	Manno, ich kann nicht die ganze Zeit einen Affentanz um so einen bedürftigen Zwerg machen, der offenbar zu Hause zu oft vergeblich um Anerkennung und Liebe buhlt.
»Die Schülerin braucht regelmäßig geduldige Zuhörer und sollte immer wieder dazu aufgefordert werden, eigene Erlebnisse zu schildern.«	He, ihr Eltern, nehmt euch mehr Zeit für euer Kind!
»Der Schüler fehlte im laufenden Schuljahr an 42 Tagen.«	Das ist verdammt viel. Was ist denn da los? Kann da mal jemand ein Auge drauf haben?

Nervensäge Typ 12: Der Neonazi

O ja, auch hier ist mit der Erziehung und Begleitung etwas schiefgegangen. Und zwar so gehörig, dass einem die Scherze im Halse stecken bleiben sollten. Aber manchmal fällt einem gar nichts anderes ein, als zu lachen, in den unmöglichsten Situationen. Also auch Witze zu reißen über diese verirrten Dummniks, wie sie da stehen in ihrem martialischen Einheitslook, möchtegernmännlich, bullig, wortarm, ein bisschen angsteinflößend, kein bisschen schlau, mit ihren rasierten Schädeln und diesem Blick, der Unerbittlichkeit und Entschlossenheit und Gnadenlosigkeit andeuten soll – und in Wahrheit doch keinen Zweifel zulässt, mit wem wir es hier – von wenigen effektiven Lenkern abgesehen – zu tun haben: mit dem aggressiven, minderwertigen, gefrusteten, chancen- und aussichtslosen Rest der Gesellschaft.

Manche Jugendliche versumpfen vor Computerspielen, vor der Glotze, vor Chipstüten. Und manche Jugendliche sind fette Beute für die Anwerber der Rechten.

> Eine alte Dame sitzt mit einem Neonazi zusammen im Wartezimmer. Lange mustert sie ihn von oben bis unten, schaut immer wieder auf die Glatze und anschließend auf die Springerstiefel. Nach einer Weile spricht sie ihn an: »Ach, Sie Armer! Erst die Chemo und jetzt auch noch orthopädische Schuhe!«

Die Suche nach Anerkennung, die sie zu Hause, unter Gleichaltrigen und in der Schule nicht bekommen, treibt Jugendliche in die Arme der Neonazis. Dort fühlen sie sich zugehörig und anerkannt. Und je totalitärer und militanter, desto besser eignet sich eine Gruppierung als Blitzableiter für lange aufgestaute Aggressionen. Endlich kann der Kümmerling mal richtig auf die Kacke hauen, nachdem er immer nur eingesteckt hat oder in der eigenen Belanglosigkeit förmlich abgesoffen ist, weil ihm niemand auch nur im Ansatz zivile Tugenden wie Einsatz- und Verantwortungsbereitschaft beigebracht oder noch schlimmer: zugetraut hat, und weil das Klischee vom Aufwachsen im dumpfen Mief aus Alkohol, Schlägen, Arbeitslosig- und Antriebslosigkeit nur allzu oft zutrifft. Wer selber zu wenig Liebe, Respekt und Bestätigung bekommen hat, gesteht anderen – vor allem, wenn sie auch noch anders sind – keine Gleichwertigkeit, keinen Schutz, keine Rechte zu.

Kommt ein Bonehead zum Tätowierer. »Ich will mir ein Hakenkreuz auf den Arsch tätowieren lassen!« Daraufhin der Tätowierer: »Gut, nehm' se schonmal den Stahlhelm ab! ...«

Bei den Neonazis geht es wohlgemerkt fast ausschließlich um knallharte Kameradschaft, nicht um Freundschaft. Nach außen gibt es diese idealisierte, hochstilisierte Kameradschaft, an der sich vermeintlich die eigene Bedingungslosigkeit beweisen lässt, nach innen aber geht es meistens aggressiv, sehr hierarchisch, kontrollgeprägt, gar feindselig zu, weil der Zusammenhalt eher auf der Mitwisserei von Straftaten und auf Misstrauen beruht als auf Zuneigung und selbst gewählten Verbindungen. Richtig froh machen sie sich also gar nicht, sondern linsen eher ängstlich nach dem Nächsthöheren in der Hackordnung. Aber nach außen, da sind sie gemeinsam stark. Wenn sie in der Gruppe durch die Fußgängerzone gehen, machen die anderen Passanten Platz. Und das gibt den von Minderwertigkeitskomplexen beladenen, pickeligen, erfolglosen jungen Menschen ein nicht gekanntes Gefühl der Stärke, Macht und Überlegenheit, und sie wähnen sich in der Illusion, doch nicht nur der Rotz am Ärmel der Gesellschaft zu sein, sondern stark, unter ihresgleichen, vielleicht doch unter Freunden. Umso mehr, wenn es ihnen vielleicht ein andermal noch gelingt, einen ungelenken Lehrer in eine holzschnittartige Diskussion über das vermeintlich neutrale Wort »Kamerad«, mit dem sie ihre Mitschüler im Unterricht ansprechen, zu verstricken.

> »Wer so dumm ist wie eine Billardkugel, soll auch so aussehen wie eine Billardkugel«, dachte sich Gott und schuf den Bonehead ...

Typisches Szenario: Das Kind zieht sich zurück, ist unnahbar und verstockt, aber auch unverschämt und aggressiv; weder mit den Eltern oder den Geschwistern noch mit Freunden sind noch Gespräche möglich. Das könnte das Rückzugsverhalten in der Pubertät sein. Aber dann entdeckt die Mutter NPD-Material im Zimmer ihres Sohnes.

An Schulen, in Fußgängerzonen und auf Demonstrationen werden Flyer und Aufkleber verteilt und wird Kontakt zu Jugendlichen aufgenommen. Daraus resultieren auch Aktionen gegen Rechts. So stellt der Stadtschülerrat in Hannover den Schulen dort braune Mülltonnen für Neonazi-Propaganda zur Verfügung.

Dass es bei den Klamotten für die Kids mitunter eine ganz bestimmte Marke sein soll (Hilfiger, Bench, Abercrombie & Fitch oder sonst was), kennen wir schon. Bedenklich wird es, wenn es zum Beispiel unbedingt etwas von Consdaple sein muss. Das ist nämlich keineswegs eine coole US-Klamotte, sondern das Label eines oberbayerischen Neonazis, der sein Germanen-Militaria-Geraffel über den Patria-Versand unter die Leute bringt. Dieses scheinbar englische Wort kombiniert das Kürzel »nsdap« mit »constable« (englisch für »Polizist, Wachtmeister« – und als solche verstehen sich Neonazis ja gern: als Wachtmeister irgendwelcher völkischer Güter und Grenzen und anderem Blödsinn). Wenn dann so ein Neonazi die Bomberjacke über dem Shirt offen lässt, ist nur »nsdap« zu sehen – ist ja fast clever! Zum Dresscode gehören auch noch Sachen von Thor Steinar, Pitbull, Masterrace Europe, Alpha Industries, Ben Sherman und Lonsdale (die unfreiwillig zum Neonazi-Ausstatter wurden, weil durch Verhängen des Lo- und des -le der Schriftzug -nsda- hervorgehoben werden kann; aber Lonsdale wehrte sich mit der Kampagne »We love all colours«).

Einige Schulen verbieten bestimmte Kleidung, aber das ist rechtlich heikel, zudem hinken die Pädagogen immer hinterher, wenn es ums Erkennen neuer Neonazi-Symbole geht, und außerdem ist es selbstverständlich das Erstrebenswerteste, dass Kinder gar nicht erst in Neonazikreise geraten.

Aber das ist noch lange nicht alles aus der Trickkiste der heutigen Hakenkreuzler: Fast schon alte Hüte sind weiße Schnürsenkel in den Springerstiefeln, Eiserne Kreuze und die

Zahlenkombi 88 (zweimal der achte Buchstabe des Alphabets steht für den »Heil Hitler« Gruß). Dann gäbe es da noch die 18 (Der erste und achte Buchstabe des Alphabets steht für Hitlers Initialen), die 28 (für B und H, Blood & Honour, ein in Deutschland verbotenes rechtsradikales Netzwerk), die 14 steht für »14 words«, die sich US-amerikanische Rassisten zur Maxime gemacht haben, übersetzt: »Wir müssen die Existenz von unserem Volk und eine Zukunft für weiße Kinder sichern«, ferner Triskelen (wie die Swastika, das Hakenkreuz, beliebt bei völkischen Vereinigungen, zum Beispiel Blood & Honour), rote und schwarze Fahnen, Gaudreiecke, schwarze Sonnen, Zahnräder (stand bei den Nazis als Symbol der Arbeiter für die Deutsche Arbeitsfront), Hammer und Schwert (Verbindung von Arbeitern und Soldaten) und Werwölfe (in Anspielung auf die SS-Gruppe, die im Untergrund mit unbedingtem Vernichtungswillen gegen die Alliierten vorging). Nicht selten ist inzwischen auch eine Mimikry-Taktik der Neonazis zu beobachten, die ein gewisses Geschick entwickeln, wenn es darum geht, Kontakt zu Jugendlichen aufzunehmen und sie für sich zu gewinnen: Die Neonazis treten in Kleidung auf, die eher »links« bewertet wird, etwa in Che-Guevara-T-Shirts und Palästinensertüchern.

»Du bist ein Nazi? – Mit Bildung wäre das nicht passiert!«

(Spruch, der in etlichen Foren und Sammlungen auf einem der vorderen Ränge rangiert – und der die sinnvollste, wirkmächtigste Gegenmaßnahme bezeichnet.)

Rotzlöffelalarm in der Hausmeisterloge

Sie sind die heimlichen Kapitäne: als Erste an Bord, als Letzte von Bord. Ein schönes Bild.

Statt der Brücke haben sie ihre Logen, die sie statt mit Galionsfiguren mit Fußballwimpeln schmücken, statt des Logbuchs liegt die To-do-Liste rum und statt des Schiffshunds döst Schäferhündin Asta in der Ecke. Nur die Crew des Kapitäns dürfte weniger aufmüpfig sein als die wilde Horde, mit der der Hausmeister sich rumschlagen muss.

Klar, es gibt Schulen, da werden die Hausmeister von der Bande höflich und respektvoll behandelt, da können sie die Seele des Ganzen sein, agieren freundlich und straff und gerecht und alles läuft prima. Woanders wird geschnauzt und genörgelt, und der Hausmeister ärgert sich, dass er nicht doch zur Feuerwehr gegangen ist wie sein Schwager. Seine Frau hat es ja gleich gesagt. Seit ihm so ein gelackter Piefke aus der Oberstufe gesagt hat, dass sein Job früher »Schuldiener« hieß, hatte er einen ernsthaften Launeverfall. »Security« wäre ihm lieber, oder dieses schicke neue »Facility Manager«. Aber die Lümmel denken gar nicht dran. Eher kriegt er »Concierge«, »Portier« oder »Pförtner« zu hören. Klingt alles, als wäre er Methusalem und als würde er in der Loge wohnen.

Vielleicht hätte er doch den Job an der Erwin-Kalotschke-Hauptschule annehmen sollen. Seine Frau hat es ja gleich gesagt.

An der Hauptschule ist der Hausmeister einer, der's geschafft hat: Der hat 'nen ordentlichen Job, ein regelmäßiges Einkommen und einen verlässlichen Arbeitgeber, und so Heinis wie Can und Machmud wird's immer geben, also wird's auch immer einen Hausmeister geben müssen, der seufzend über den Schulhof schlappt, weil nach der großen Pause wieder viel mehr Müll sonst wo, aber nicht in den Papierkörben liegt, der das Billigmeierklopapier auffüllt und den Cola-Automaten und die weißen Knietschbrötchen (mit Fleischkäse) verkauft.

Die piefigen Söhnchen aus den besseren Gegenden und an den höheren Schulen dagegen lassen ihre Energydrink-Dosen und die Pizzakartons im Schultreppenhaus liegen und haben so einen Blick unter ihrem stylishen Seitenscheitel, als würden sie sagen: »Also bei uns zu Hause räumt das die Putzfrau weg, hier bist ja wohl du dafür zuständig.« Da fühlt sich der Hausmeister schnell wie ein Warnschild auf zwei Beinen: »Lern nur ja deine Lateinvokabeln, sonst wird nichts aus dir!« – Der Hausmeister-Job kann je nach Schule Parade oder Panne sein.

Jede Berufsgruppe hat eine Achillesferse. Bei den Hausmeistern ist es eine Räumlichkeit. Dieser neuralgische Punkt, besser gesagt: Ort einer jeden Schule ist das Klo. Wir sagen bewusst »Klo« und nicht »Toilette« und auch nicht verniedlichend »Örtchen«. Denn da gibt es nichts zu verniedlichen. Allenfalls können wir »Abort« noch gelten lassen.

Schüler-Klo-Streiche, die Hausmeistern Stress bereiten

☠ Wenn die Kabine von innen zugesperrt wird und der Lokuslümmel sich anschließend unter der Tür durchquetscht, wo der Hausmeister definitiv nicht mehr durchpasst, sodass er trotz Kreuzbeschwerden oben drüberklettern oder das Schloss aufschrauben muss.

☠ Wenn mit der Klobürste Unflat an die Unterseite der Klinken gestrichen wird.

☠ Wenn die halbstarken Bellobomber in den Kabinen rauchen und anschließend alles mieft, und die Stummel im Papiermüll, im Waschbecken und im Wasserbecken rumflaken.

☠ Wenn die Witzbolde aus der 9a wieder mal Gucklöcher im Mädchenklo gebohrt haben, die der Hausmeister mit irgendwelchen Baumarktpasten zuspachteln muss.

☠ Wenn die gehemmten Wichtigtuer aus der 9b bei dem Versuch, über das obere Ende der Kabinenwand zu linsen, wieder mal den Klopapierhalter abgetreten und die Halterung der Wasserspülung gelockert haben.

☠ Wenn der Drang zu pinkeln wohl wieder mal unabdingbar mit dem Drang, zum Edding zu greifen, einherging und die Wände mit irgendwelchen fiesen Reinigungsmitteln geschrubbt werden müssen, weil »Frau Krüger ist 'ne Nazischlampe« und »Herr Klein besorgt's jeder Kuh« einfach nicht stehen bleiben kann.

Es wäre mal eine interessante Frage, was die Schüler der Lehranstalten landauf, landab dazu treibt, im Fäkaltrakt den Kobold zu geben. Was leben sie da aus? Heimliche Aggressionen? Haben sich die Neandertaler auch schon gegenseitig imponiert, indem sie rund um den Ballerbaum den Großen gemacht haben? Pinkeln und sterben muss jeder; alles andere ist irgendwie vermeidbar. Beweist sich also die unabhängige Kreatur, indem sie das Joch der Aufs-Klo-muss-jeder-Sklaverei mindestens verunglimpft? Indem sie das Ausbrechen aus dem ewigen Strunzkreislauf durch Unholderei am Ort des Zwanges andeutet? Oder ist uns Menschen diese ewige Notdurft einfach peinlich – und die Schüler sind die, die das am wenigsten hinnehmen können (weil sie keine ahnungslosen Kleinkinder mehr sind, aber auch noch keine schicksalsergebenen Erwachsenen)?

Sprüche an deutschen Schulklowänden

- Nicht alles, was stinkt, ist Chemie.
- Gib's doch zu, das war mal wieder das Beste, was du heute zustande gebracht hast!
- Federicko libt Larisa.
- Gut Dung braucht Weile.
- Tritt näher heran – er ist kürzer, als du denkst!
- Morgen jag ich ales in die Lufft!
- Wer das liest, steht in meiner Pisse!
- Mit Knötli im Dödli ist Vögli nit mögli.
- Lieber 'ne Latte in der Hose als 'n Brett vorm Kopf!
- Kommt Zeit kommt Ständer.
- Machst du zu lang hier kack, beist dir 'nen geist konkret in' sak!

☠ Leon hat den längsten.
☠ Nimm die Hand aus meiner Hose – ich zähle bis tausend!
☠ Helene war ganz aus dem Höschen …
☠ Navigare necesse est – Schiffen ist notwendig.
☠ Ach wie gut, dass niemand weiß, dass ich wichse und nich scheiß!
☠ Lass doch den ganzen Scheiß.
☠ Such nicht nach Witzen an der Wand, den größten hältst du in der Hand!
☠ Warum steht hier nur so blödes Zeug? Habt ihr Ärsche keine Ideen mehr?

Der Hausmeister in Niederkassel, der das Klopapier nur noch blattweise und nach Bedarf rausrückt, hat genug von mutwilligen Verstopfungen und sieht einen glasklaren Zusammenhang zwischen der Menge von verfügbarem Klopapier und der Menge der Zeit, die er zum Wiederinstandsetzen der Donnerbalken braucht. Auch auf spickmich.de wurde das Für und Wider von Klo-Patrouillen diskutiert.

Und der Hausmeister ist näher dran, als ihm lieb ist, an all den dreckigen Toiletten, für die er zuständig ist, egal, in welchem Zustand sie sich befinden.

Was Hausmeister in deutschen Schulen schon so aus den Toilettenrohren gefischt haben

- Zahnspangen
- ein ausgestopftes Blässhuhn aus dem Biologietrakt
- Federmäppchen
- eine zusammengerollte Landkarte des Königreichs Bhutan im Format 70 auf 110 Zentimeter aus dem Geografietrakt
- Sportschuhe
- einen Bunsenbrenner aus dem Chemielabor
- Zeugnisse
- einen Lötkolben aus dem Physikraum
- Taschenrechner
- ungeschälte Bananen, Dreierstaude
- Pizzakartons
- eine Heißklebepistole
- Hefte mit Hülle
- Zirkel im Kasten
- Pullover
- China-Superböller (in Deutschland verbotene Sorte)

Hausmeister – die selbst natürlich auch hier und da was besser machen können, keine Frage – sind ein gutes Beispiel für Menschen, die ein Gutteil ihrer Zeit sinnvoller verbringen könnten, wenn sie nicht dem ungezogenen Nachwuchs der Nation hinterherräumen müssten. Etwas mehr Respekt, wie wär's?

Berufsschulhausmeister Frank-Gerhard L. aus Bremen war dann doch überrascht, als ihn einer der Schüler im Eingangsbereich wissen ließ:

»Du, Alda, du bis nur in mein Revier und kanns hier mit dein scheissndreck Besen abfegenen, weil isch disch konkret lass.«

Nervensäge Typ 13:
Die prima Balla-Balla-Rina

Uns ist sehr bewusst, dass wir Gefahr laufen, uns mit diesem Artikel einen gewaltigen Shitstorm einzuhandeln. »Wie können Sie es nur wagen, selbst diese wohlerzogenen Vorzeigekinder in die Monstergalerie mit aufzunehmen?«, werden Sie womöglich fragen.

Als **Shitstorm** wird eine gewaltige Empörungswelle im Internet bezeichnet. Meist sind die Kommentare aggressiv, beleidigend und unsachlich.

Ein **Lolocaust** bezeichnet das Gegenteil. Ein Beitrag (eventuell auch von fragwürdiger Qualität) im Netz belustigt massenhaft User und wird mit positiven Kürzeln wie »LOL« (Laugh out loud) kommentiert.

Nach allem, was Sie bisher gelesen haben, waren Sie geneigt zu unterstellen, wir zwei Autorinnen, mit unseren insgesamt vier Bildungsbürgertöchtern, wollen, dass alle anderen aufmüpfigen Bälger unserer Gesellschaft von renitenten Monstern zu braven, autoritär erzogenen Duckmäusern verbogen werden, um unseren elitären Ansprüchen zu genügen. Erzogen zu DIN-gerechten Vorbildeuropäern, die später den anderen Loserstaaten finanziell aus der Patsche helfen, weil sie sich von klein auf zu beherrschen wissen – weil sie pflichtbewusst und zielorientiert sind. Sie dachten, wir akzeptieren nur Kröten-über-die-Straße-Schlepper und Exportweltmeister in spe, die die Werte Nachhaltigkeit und verantwortungsvolle Weitsicht bereits mit der Muttermilch eingesogen haben. Spätere Emporkömmlinge, die in bescheidener Zurückhaltung anstandslos funktionieren, die nur reden, wenn wir sie dazu aufgefordert haben, die sich dann aber sehr gewählt ausdrücken und die selbstständig daran denken, »Wie bitte?«, »Verzeihung!« und »Herzlichen Dank!« zu sagen. Seit ihrer Zeugung geförderte Kinder, die bereits im Bauch Mozart- und Chinesischlernkassetten hören mussten, die mit zwei Wochen zum Babyschwimmen geschickt wurden und die deswegen den Sprung ins kalte Wasser gewöhnt sind, damit sie jetzt und später ohne Nachdruck ihren Pflichten nachkommen und das tun, was wir Eislaufmuttis von ihnen erwarten. Also, was kann man da bitte gegen disziplinierte Balletthäschen haben?

Sie glaubten wohl, wir tolerieren nur Nachkommen, die nie aufbegehren, weil sie vernünftig genug sind zu akzeptieren, dass man frühzeitig ins Bett gehen muss, um am nächsten Tag punktgenau seine Bestleistung abrufen zu können, weil das Leben eben verdammt noch mal kein Ponyhof ist. Wir wollen doch genau diese Kinder, so dachten Sie wohl, die angebotene Süßigkeiten dankend ablehnen, weil sie wissen, dass Gummibärchen aus Rinderknochenabfall hergestellt werden, die deswegen ohne zu nölen die Hirsebratlinge aufessen, die man ihnen auf den Teller geklatscht hat, die selbstständig auf Kalorien achten und von daher selbstverständlich adrett aussehen, Idealgewicht haben und zudem auch noch freiwillig Geige üben, bis die Finger bluten, und die niemals Löcher in ihre Markenkleidung reißen. Das dachten Sie, stimmt's? Aber da täuschen Sie sich gewaltig!

Ich persönlich verlange sofort nach einem Brecheimer, wenn ich klapperdürre sterbende Schwäne mit durchgedrücktem Hohlkreuz über die Bühne tippeln sehe oder wenn ich Mädchen in Lackschühchen und Rüschenkleidern beim Fiedeln romantischer Klassik zuhören muss. Ich kämpfe auch gegen aufsteigende Übelkeit, wenn Bonsaipianisten mit Fliege am Flügel brillieren – und ich würde sogar so weit gehen, Blockflötengefiepe gesetzlich zu verbieten, wenn ich etwas zu sagen hätte. Ja, ich verabscheue jegliche Form elitären Bourgeoisie-Gehabes! Angefangen von Segelklubbubis über Miniatur-zu-Guttenbergs mit Gelfrisuren in Feldhockeyclubs und deren magersüchtigen Dressurreiterschwestern bis zu golfspielenden Zehnjährigen in karierten Hosen und zartgelben FDP-Pullundern. Ganz generell entsprechen kleine Erwachsene, deren Einfallsreichtum und Esprit mich persönlich schlagartig in ein Dauerkoma versetzen, überhaupt nicht meinem Idealbild eines Jugendlichen! Ich spreche von Söhnen und Töchtern, die vom Seepferdchen bis zur abgekupferten Doktorarbeit alle Titel einheimsen, die es zu holen gibt, nur weil man es von ihnen erwartet.

Ja, ja! Man kann schwerwiegendere Probleme haben, und ich gebe zu, auf der Rankingliste der nervenden Kinder schaffen es diese Zöglinge nicht auf die vordersten Plätze – dafür machen sie wirklich zu wenig falsch, und das ist genau mein Problem!

Herzlich willkommen in der »Generation Biedermeier!« Diesen Titel verpasste die 2010 erschienene Shell-Studie der heutigen Jugend und bestätigte damit meinen Eindruck, dass viele junge Leute von heute extrem vernünftig, zielorientiert, anpassungsbereit und gnadenlos pragmatisch ihr Leben angehen. Selbst erste Liebesbeziehungen werden eheähnlich geführt. Als Grund für dieses Verhalten gilt die zunehmende Unsicherheit in den Familienstrukturen und Vorbehalte gegenüber dem Versorgungsstaat Deutschland. Laut besagter Erhebung gäbe es deswegen für die Jugend von heute nur ein erklärtes Lebensziel: eine abgesicherte, beschauliche Existenz in spießiger Familienidylle im Haus am See. Also Biedermeier pur!

Da gibt es nichts Kühnes, nichts Verwegenes, nichts Besonderes. Da zählen nur leidenschafts-, aber auch rücksichtslos erworbene Bachelor-, Master- und Blablablub-Titel und unzählige Praktika im Ausland. »Kompetenz-Hamstern« nennt man dieses Phänomen. Ellbogeneinsatz gilt als Voraussetzung, um dem Biedermeiertraum näherzukommen. Dissen und Mobbing, als Abgrenzung gegen die Konkurrenz, sind da nur logische Begleiterscheinungen. Nicht umsonst hat sich der Begriff »Opfer« in der »Generation Biedermeier« etabliert. Opfer, das sind die anderen, die nicht bereit sind, Stroh zu fressen, G8 widerstandslos hinzunehmen, sich dem System zu stellen und dafür Studiengebühren abzudrücken. Für die Loser gibt es kein Mitleid, sondern nur Verachtung und das beruhigende Gefühl, wieder einen Konkurrenten aus dem Rennen geworfen zu haben. Das Leben ist eine einzige Castingshow geworden, und wer keine Leistung zeigt, handelt sich eben eine gemeine »Dieter-Bohlen-Ansage« ein, der bekommt kein Bild von Heidi und der fliegt dann halt raus. So sind die Spielregeln – Pech gehabt!

Darum sollte man sich früh genug ranhalten, vorne mitzuschwimmen. Den dafür nötigen Perfektionszwang, diese bedingungslose Bereitschaft, alles richtig machen zu wollen, erfüllen Ballettmausis nun mal mit am besten.

Ihre Lebenseinstellung wird den kleinen Lillifeen unter anderem wunderbar in den allseits beliebten Conni-Pixie-Büchern vermittelt, die bei mir allerdings nur provozieren, vorsichtshalber den guten, alten Brecheimer neben mir abzustellen.

Kennen Sie Conni? Conni ist angeblich »Deutschlands Kinderbuchheldin«. Heldin! Hallo? Ein rückgratloses Strebermäuschen, das alles wahnsinnig ernst nimmt, wird zur Kinderbuchheldin. Keine lockere, freche, besondere Pippi Langstrumpf ist der Star unserer Zeit! Nein! Ein biederes, braves, belangloses Butterblümchen wird zum Vorbild der Biedermeiertrullas!

Phänomen Ritzen

Meistens sind es Mädchen, die dazu neigen, ihre Aggressionen nicht nach außen, sondern gegen sich selbst zu richten. Sie verletzen sich selbst, weil der körperliche Schmerz für sie erträglicher ist als das emotionale Leid, das durch den enormen Druck zur Perfektion und dem Doch-nicht-erfüllen-Können entstanden ist.

Nahezu jede Geschichte beginnt mit: »Conni ist sehr aufgeregt ...« Einmal ist Conni aufgeregt, weil sie zum ersten Mal Pizza backt. Oh, mein Gott! Wird Schulfreund Simon die Pizza auch munden? Ein anderes Mal kann sie nicht einschlafen, weil sie am nächsten Tag Weihnachtsschmuck basteln will. Hilfe! Werden die Sterne schön genug aussehen und allen anderen gefallen? Dann ist Koma-Conni wieder nervös, weil sie zur Oma fahren darf. Wer würde da nicht die Nerven verlieren? Aber wen wundert's? Natürlich schafft Conni alles mit Bravour. Das Seepferdchen, den Ritt auf einem Zwergpony, den ersten Flug und selbst die erste Familienfahrradtour ihres Lebens. Chapeau, Conni! Überall ist Conni letztlich die Beste und hat die Nase vorn. Die selbst gebackenen Kekse schmecken prima, sie malt in der Schule das schönste Bild und sie darf bei der Ballettaufführung ganz vorne rumhüpfen. So soll es sein! Hallo? Ist das unser Frauenbild? Wofür sind denn die Großmütter dieser Kinder ohne Büstenhalter auf die Straße gezogen und haben für Emanzipation gekämpft? Doch nicht dafür, dass ihre Enkeltöchter die spießigsten Gattinnen Deutschlands werden! – Leider haben unsere Mütter wohl doch nichts bewirkt, sonst gäbe es heute nicht »Conni lernt kochen«, sondern »Conni treibt ab«!

Aus Conni-Buch-Leserinnen werden in der Grundschule Vorzeigeschülerinnen. Nur sie dürfen die Namen unartiger Kinder an die Tafel schreiben, wenn die Lehrerin etwas kopieren geht. Und diese Rolle genießen sie. Nur »Connis« sind würdig genug, die Rolle der heiligen Maria im Hirtenspiel zu übernehmen. Connis petzen, wenn andere sich nicht an die Regeln halten, und sie müssen bitterlichst weinen, wenn jemand in der Lernzielkontrolle einen Punkt mehr hat als sie selbst. Sie erfüllen jede Erwartung bedingungslos, sie übernehmen alle Ämter, räumen für andere auf (aber nur, wenn es die Lehrkraft sieht), sie funktionieren perfekt, sind die Lieblinge strenger Grundschulpädagoginnen, weil sie nie über den Rand malen, und hinterfragen dabei niemals den Sinn. Revolution und Gegen-den-Strom-Schwimmen war gestern!

Ein Drittel aller Mädchen zwischen 11 und 17 Jahren leidet an einer Essstörung. Magersüchtige Mädchen sind meist stark diszipliniert und leistungsorientiert, weil sie von einem Perfektionsstreben getrieben sind.

Unsere perfektionistischen Püppchen gehen ins Ballett, weil da eine ehrgeizige russische Trainerin knallharte Ansagen macht und alles so schön reglementiert ist: Frisur, Schrittfolge, Beinhöhe, Tutufarbe, Handhaltung, ernsthafter Gesichtsausdruck! Herrlich! Einmal im Monat ist Vortanzen und wer die Zehen nicht genug spreizt, der fliegt – das ist Konsequenz! Unsere Prima-Balla-Balla-Rinas nehmen freilich alle Hürden. Sie werden ein Einser-Abitur hinlegen, Jura studieren, heiraten, ein Haus im Grünen kaufen, Kinder bekommen und sich scheiden lassen, weil sich ihre Männer nicht an die Regeln gehalten haben.

Rotzlöffelalarm auf dem Spielplatz

Spielplatz ist ja nicht gleich Spielplatz. Da muss man schon differenzieren. Je nach Stadt und Sprengel variieren Ausstattung, Zustand und Klientel außerordentlich. Da gibt es zum einen die abgerockten Vorstadtspielplätze in den verrufenen Brennpunktvierteln der Großstädte. Dort käme niemand auf die Idee, sich über herumliegende Kippen und den ganzen anderen zurückgelassenen Müll zu beschweren. Keinem der Erziehungsberechtigten würde auch nur auffallen, dass da Holzabsplitterungen aus dem graffitibesprühten Kletterturm vorstehen, kein Schwein würde sich Gedanken darüber machen, ob die Reifenschaukeln kontaminiert oder der Rindenmulch gesundheitsgefährdend pilzbelastet ist, und niemand der Nutzer würde sich entblöden, bei der Stadt den längst überfälligen Sandaustausch für die zugekackte Buddelkiste zu beantragen.

Die stadtbekannten Brennpunkte heißen nicht nur so, sie sehen auch schwer danach aus. Jedes Spielgerät wurde mindestens einmal angefackelt oder anderweitig attackiert. Auf diesen missbrauchten Plätzen hängen Deutschlands gefürchtetste Rotzlöffel ab: die Migrationshintergrund-Monster. Jeder Normalsterbliche kann nicht umhin zu unterstellen, dass hier ausschließlich das bewährte Evolutionsprinzip »Survival of the Fiesest!« herrscht. Die rumlungernden Kids sehen so aus, als müsste man sein Handtäschchen verdammt fest unter die Achsel klemmen, wenn man sich an ihnen vorbeischleicht. Die Platzhirsche sind ein paar Kapuzenjacken-Teenager, die sich demonstrativ wie Türsteher am Eingangstor aufgebaut haben. Ihnen entgeht nichts, und ihnen entkommt keiner! Genau das wollen sie unmissverständlich ausstrahlen. In regelmäßigen Abständen lassen sie Speichel auf die maroden Gehwegplatten tropfen. Vielleicht aus Langeweile, vielleicht aus schlechter Gewohnheit, vielleicht, um ihr Revier zu markieren, aber wahrscheinlich sind diese Sekrete eher als eine Art »Sehnsuchtstropfen« zu verstehen. Eine Vorwarnung für die anderen, dass man kurz davor ist, seine angestaute Wut auf den Asphalt zu kotzen. Denn die Jugendlichen schänden die öffentliche Freifläche angeblich aus Frust und nicht aus Langeweile. Den Grund kann ich ja fast noch besser akzeptieren – keinesfalls aber respektieren. »Respekt« ist konkret das Lieblingswort dieser entwurzelten Kinder. Anerkennung, die sie nicht müde werden, für sich einzufordern. Dabei verhalten sie sich selbst völlig unreflektiert und legen ihrerseits nicht den Hauch von Respekt gegenüber ihren Mitmenschen und schon gar nicht gegenüber Schwächeren (wie ihren kleinen Geschwistern oder ihren eigenen Schwestern) an den Tag. Irgendwie tun sie mir leid – aber beim besten Willen: Für Respekt reicht es bei mir leider auch nicht ganz. Das wird auch nicht besser, wenn sie mir »Nazifotze!« hinterherrufen.

Oft sieht man auf Gettospielplätzen ein »1312« gesprayt. Dieser Nummerncode ist die numerische Entsprechung der Buchstabentasten ACAB, welche unter Sprayern gerne als Abkürzung für »All Cops Are Bastards« (Alle Polizisten sind fies) getagt wird.

Auch ein paar viel zu junge Mütter hocken oft gelangweilt am Rand dieser trostlosen Freiflächen auf den Lehnen angeschlagener Parkbänke und qualmen eine Zigarette nach der anderen, während sich ihre Kleinkinder, völlig sich selbst überlassen, gegenseitig irgendwelche Hartplastikgegenstände über die Rübe ziehen. Die Knirpse benutzen dabei ganz selbstverständlich die unflätigen Ausdrücke, die sie von ihren großen Geschwistern und den eigenen Eltern tagtäglich hören. »Fick dir ins Knie, Alda!« bedeutet für den kleinen Zedric nichts anderes als: »Könntest du bitte aufhören, mit Altmetall nach mir zu werfen!« Deswegen greift hier noch lange keiner erzieherisch ein. Kraftausdrücke und Androhung von Gewalt gehören hier zum normalen Alltagston und stählen für den harten Überlebenskampf!

Die Sehnsucht nach Liebe und Geborgenheit hat die Mädchen frühzeitig in die Arme eines Möchtegern-Bushidos getrieben und schon sehr jung Mutter werden lassen. Ein Teufelskreis! Bald schon zieht die nächste Generation unbegleitet auf die Sandkastenpiste und mischt ab dann in der Gettohackordnung mit, um ein paar Jahre später entweder mit den Platzhirschen einen auf Türsteher zu machen oder auf der Lehne einer Parkbank zu enden wie die eigenen Muttis.

Diese »Mietshauskinder«, wie sie unter anderem von schwäbischen Häuslebesitzern aus der Nachbarschaft abschätzig betitelt werden, haben kaum eine Chance auf Integration. Ihr Lebensweg am Rande der Gesellschaft ist vorgezeichnet. Die akkuraten Häuslebauer, die unweit dieser verrufenen Brennpunkte leben, grenzen sich mit blickdichten und dauergrünen Hecken gegen die vermeintlich bösen Gettogangster ab. Die Häuslebesitzer mit ihren dampfgestrahlten Garageneinfahrten und den vorbildlich gepflegten Vorgärten haben es ihrerseits nicht nötig, die öffentlichen Spielplätze der Umgebung zu nutzen. Ihre Kinder wachsen heimlich hinter penibel geschnittenen Koniferen auf akkurat geschnittenem Rasen auf. Die goldkettchenbehangene, dreieinhalbjährige Vanessa aus dem »Russenblock« zwei Straßen weiter wird nie die Chance bekommen, hinter diese Hecken blicken zu dürfen. Die Kleine mit den kariösen Schneidezähnen und dem pinkfarbenen Plastikeinhorn unter dem Arm, die gerade Schläge angedroht bekommt, weil sie nicht in den Buggy steigen will, würde auch niemals akzeptieren, ihre Füße in zwei Waschgängen vorzusäubern, ehe sie im Plastikbecken Platz nimmt, um einer frühzeitigen Verunreinigung des Badewassers vorzubeugen, wie es das jetzt schon spießige Koniferengettokind Maria-Luise macht.

Schießen lernen – Freunde treffen

Elf Kinder und Jugendliche nutzten während der Mittagszeit einen Spielplatz in Celle als Schießstätte. Die mit Sturmhauben maskierten Burschen jagten sich über den Spielplatz und beschossen sich gegenseitig mit Softair-Waffen. Sie waren so in ihr Kriegsspiel vertieft, dass sie den zufällig vorbeifahrenden Streifenwagen nicht bemerkten und von den Beamten leicht gestellt werden konnten.

Vanessa hat zwar seit ihrem dritten Lebensmonat Ohrringe, hat dafür aber noch nie einen Apfel oder eine Karotte angeboten bekommen. Nicht so die gleichaltrige Nora aus München-Schwabing. Sie hält es für den Normalzustand, dass ihre akademisch gebildete Mittvierziger-Mutter knapp zwei Schritte hinter ihr über den gepflegten Erlebnisspielplatz tippelt, um ihr sofort eine Tupperschüssel mit frischem, mundgerecht geschnittenem Bioobst anzureichen, falls sie sich denn nach ihrer Dauerverfolgerin umdrehen sollte. Noras Mutter ist eine sogenannte Helikoptermutter. Das sind Mamas, die ständig um ihre Kinder kreisen, stets einsatzbereit, Notruf hin oder her. Noras Mutter ist Ärztin. Sie ist es gewohnt, in Alarmbereitschaft zu sein, Hilfsbedürftige zu umsorgen, Anweisungen zu geben, alles besser zu wissen und dass andere eine Gasse bilden, wenn sie herandampft. Helikoptermütter sind unter gebildeten Müttern, unabhängig von ihrem Beruf, immer häufiger auf Spielplätzen von elitären Stadtvierteln anzutreffen. Diese Mütter nehmen ihre Verantwortung äußerst ernst und machen für ihre Sprösslinge den Weg frei – so viel steht fest. Da werden andere Kinder unmissverständlich aufgefordert, unverzüglich Wipptiere und Rutschen für den eigenen Spross zu räumen, da müssen alle anderen Dreckspatzen mit dem Schaukeln aufhören, wenn Klein Nora sich einbildet, im Schwingbereich rumstehen und blöd glotzen zu wollen. Da werden von den selbstgerechten, blonden Pferdeschwanzmüttern Fallhöhen nachgemessen und Schichtdicken von Holzschnitzeln geprüft und gegebenenfalls böse Briefe an die zuständigen Behörden geschrieben. Frau Doktor hat auch schon mal Jugendliche, die sie älter als 14 schätzte, des Geländes verwiesen und erreicht, dass die Büsche regelmäßig auf Seidenspinnerraupenbefall untersucht werden.

Kinder aus der Unterschicht wohnen dort in der Umgebung so gut wie keine. Wenn sich doch mal ein Grüppchen auf diesen Spielplatz verirrt, wird es so lange von hysterischen Müttern gemaßregelt, bis es freiwillig abzieht und nie wieder aufscheint. Gleichzeitig bekommt aber auch Töchterchen Nora ständig Anweisungen von ihrer dominanten Karrieremutter. »Nora, du musst mehr trinken, Schatz!«, »Nora, lass bitte deine Mütze auf!«, »Nora, pass bitte auf, das Pflaster ist uneben!«, »Vorsicht, Nora! Der Busch hat Äste!«, »Obacht, die Rutsche ist rutschig!«, »... das Wasser ist nass!« bis zu: »Vorsicht, Schatz – der Junge ist ein Junge!« Von männlichen Mitmenschen hält die Alleinerziehende seit ihrem praktischen Jahr in der Urologie gar nichts mehr. Von den perversen Knallköpfen schirmt sie ihre Tochter generell gerne ab. Wenn wieder zu viele Super-Marios auf dem Platz sind, die nur mit Waffen fuchteln, Büsche totklopfen, Steine die Rutsche runterkullern lassen und liebevoll gebaute Sandburgen platthüpfen, dann zieht sie auch schon mal einen Bannkreis um ihre Tochter in den Sand. Wer es wagt, den zu übertreten, der ist quasi schon im selben Moment fachmännisch kastriert. Nora bekommt gar keine Chance, sich mit den anderen Spielplatznutzern auseinanderzusetzen. Eben hat ein etwa zweijähriger Zwerg ihr Sandeimerchen entwendet. Nora hat es noch gar nicht bemerkt, da ist Notfall-Mutti schon zur Stelle und entreißt dem verwirrt glotzenden Strolch unsanft ihr Eigentum und bringt es ihrem Goldkäferchen zurück.

> Auf Eigenverantwortung setzen die Ureinwohner am Amazonas: Ihre Kinder dürfen mit zwei Jahren bereits eine scharfe Machete benutzen und auf tiefe Löcher zukrabbeln. Sie sollen sehr glücklich sein. Über ihre durchschnittliche Lebenserwartung ist nichts bekannt.

Dieses zwanghafte Kontrollieren seitens der Helikoptermütter scheint mir irgendwie mindestens ebenso ungesund zu sein wie die extreme Gleichgültigkeit, die die Brennpunkttanten an den Tag legen. Womit wir bei einer interessanten Grundsatzfrage angekommen wären: **Darf man sich in die Erziehung anderer Monster einmischen?** Darf man zu einem fremden Schlaubischlumpf auf dem Spielplatz sagen: »Texte bitte jemand anderen zu, ich möchte meine Ruhe ha-

ben!« Muss man sich raushalten, wenn ein Kind den Sandku-
chen des eigenen Kindes mit einer Arschbombe plattmacht?
Darf man sich einmischen, wenn man (oder das eigene Kind)
gar nicht unmittelbar bedroht ist, aber man das Gefühl hat,
dass die Monstermutter langsam ihr Kind auffordern könnte, das Hämmern gegen die Metallrutsche einzustellen? Ab
welchem Alter kann man erwarten, dass Kleinkinder höflich
fragen, ob sie sich den teuren »Spiel gut«-Bagger borgen
dürfen, wenn sie ihn auch gewissenhaft wieder zurückbrin-
gen, oder profitiert mein Kind am besten vom sozialen Austausch auf dem Erlebnisspielplatz, wenn es frühzeitig lernt,
sein Spielzeug selbst zu verteidigen und zurückzufordern?
Da scheinen die Meinungen sehr weit auseinanderzugehen.

> »Wenn Erziehung und Ermahnung irgendetwas fruchteten:
> Wie konnte dann Senecas Zögling ein Nero sein?«
>
> *Arthur Schopenhauer*

Außerdem meine ich auf dem Schwabinger Wichtigtuerspiel-
platz erkennen zu können, dass die Toleranz gegenüber anderen Kindern stark davon abhängt, zu wem sie gehören.
Mats-Levi, der Sohn einer chicen Modedesignerin mit eige-
ner Boutique an der Leopoldstraße, darf ungestraft auf seinem
Bobby-Car in eine Sitzgruppe quasselnder Szenemuttis rasen.
Der No-Name-Junge mit der schlechten Frisur, der mit dem
polnischen Au-pair-Mädchen gekommen ist, wird schon blöd
angemacht, als er nur aus der Ferne auf den ferngesteuerten
Ferrari von Medienzarensöhnchen Zachary schielt, da kann er
noch so eindrücklich mit seinen dunklen Wimpern klimpern. Bei
so etwas bleiben sich die Schwabinger Prosecco-Damen treu.

Die chicen Model-Muttis haben gar keinen Nerv, sich mit ihren eigenen Kindern zu beschäftigen. Schaukeln anschubsen und hinter einem Ball herlaufen, das sollen mal schön Erzieher und Trainer übernehmen. Da können sich die Kleinen noch so lange beschweren und brüllen, bis sie rot anlaufen. Auf den Spielplatz gehen bedeutet für diese Mütter, mit Gleichwertigen Milchkaffee zu schlürfen und gemeinschaftlich über Personal abzulästern. Dass sie sich auch noch auf die Bedürfnisse der Monster aus der unangesagten Szene einlassen sollen, wäre nun wirklich zu viel verlangt. Die paar Stunden in der Woche, die sie für ihr eigenes Kind haben, sind begrenzt und wollen in ihrem Sinne mit sozialem Austausch genutzt werden, da lässt man sich doch von keinem dieser unerzogenen Rotzlöffel dazwischenfunken, der einem ein grasbefülltes Förmchen unter die Nase hält und behauptet, das sei Pizza Rucola!

Die ehrgeizige Helikoptermutti von Nora-Schatz legt keinen Wert auf soziale Kontakte. Allerdings nimmt sie sich sehr gerne die Freiheit heraus, andere Konkurrenzmütter auf körperliche Auffälligkeiten ihrer offensichtlich spätentwickelten Kinder hinzuweisen und unaufgefordert mit ihrem fachmännischen Wissen zu beraten. Der Mutter des kleinen Marlon, der gerade einen gefüllten Sandeimer in Hammerwurftechnik über den Ballfangzaun Richtung Innenstadt geschleudert hat, stellt sie gleich vor Ort ein Ritalinrezept aus. Der Mutter von Marlene empfiehlt sie dringend, eine Ergotherapeutin aufzusuchen, so ungeschickt, wie die Kleine auf dem Waldxylofon rumhämmert. Der sabbernde Nathan sollte dringend zur Logopädin und an seiner Zungenspannung arbeiten, und wer noch mit drei Jahren eine Windel braucht und sich offensichtlich in diesem Alter immer noch nicht von seinen Fäkalien trennen will, wie Professorentochter Zoe-Safira, sollte schnellstens bei einer Kinderpsychologin angemeldet werden, wenn es nicht schon fast zu spät ist, den massiven Entwicklungsrückstand aufzuholen.

> Jedes vierte Kind kommt im Lauf seiner Schulzeit mindestens einmal mit Ritalin in Kontakt. Während das Medikament bei hyperaktiven Kindern beruhigend wirkt, hat es bei Erwachsenen eine aufputschende Wirkung und steigert in Stresssituationen das konzentrierte Durchhaltevermögen. Diese Erkenntnis machen sich zunehmend gesunde Erwachsene zunutze!

Ganz übel wird es, wenn die Eislaufmuttis auf die ungeimpften Vegetarierzwerge von den Alternativen aus der Schwabinger Szene treffen.

Als der achtjährige Pio neulich mit seiner handgeschnitzten Weidenrute bedenklich nahe am Nora-Püppchen vorbeitobte und Noras Mutter dem Knirps in ihrer unmissverständlichen Art die Waffe abknöpfte, wollte Pio erst mal drei überzeugende Argumente von der Ärztin hören, die diese Maßnahme rechtfertigten. Als sich Frau Doktor darauf nicht einlassen wollte, erklärte Pio der respektverwöhnten Akademikerin, dass er ein Recht auf Freizeit und Bewegung habe und sie sich eben straffällig gemacht habe, weil sie mit Gewalt gegen ihn vorgegangen sei. Seine Argumente wären wohl schlagkräftig genug, seine Forderung nach einer sofortigen Herausgabe des Stockes zu rechtfertigen. Sein Kompromissvorschlag zur Beilegung des Interessenskonfliktes in Güte wäre nun eine ernsthafte Entschuldigung ihrerseits und eine Entschädigung in Form eines Magnum Classic. Da war die eloquente Ärztin erst mal sprachlos.

Pios Mutter, die den Konflikt aus der Ferne wohl registrierte und demonstrativ gelassen die Yogastellung »Pfau« einnahm, vertraute ihrem Sohn, das Richtige zu tun.

Pio kommt aus einem »Verhandlungshaushalt«. Er ist es gewohnt, wie ein Erwachsener behandelt zu werden und dass ihm fremde Mitmenschen ihr seltsames Autoritärgehabe erklären.

»Verhandlungshaushalt« ist ein Begriff aus der Familiensoziologie. Er beschreibt die heutzutage gängige Beziehung zwischen Erziehungsberechtigten und Kindern innerhalb der Familie als gleichwertige Parteien.

Pio wird von seinen Patchworkeltern nie zu etwas gezwungen. Er hat sich gerade selbst abgestillt und man kann durchaus an seine Vernunft appellieren und darf bei guter Argumentation auch mit ziemlich großer Wahrscheinlichkeit mit seiner Einsicht rechnen. Gut, meistens schlägt er noch ein paar Müsliriegel raus, bevor er einlenkt, aber das zeugt ja nur von seiner Intelligenz, aber dann hört er auch schon bald auf, fremde Leute mit Steinchen zu bewerfen und die Sommerhüte von Kleinkindern im Sand zu vergraben. Dass in seiner Familie hemmungslos alles besprochen wird, merkt Noras Mutter spätestens dann, als Pio nachfragt, ob es denn tatsächlich an ihrem breiten Steiß läge, weswegen sie so böse sei – das würde nämlich seine Mutter behaupten. Sein Stiefvater Klaus dagegen würde die These vertreten, dass sie nur so doof wäre, weil sie sexuell nicht ausgelastet sei. – Da bleibt sogar Frau Doktor der Rezeptblock in der Tasche stecken.

In Berlin-Prenzlauer Berg soll es wiederum Spielplätze geben, deren Patenschaft und Pflege bewusste Familien aus dem sogenannten Bionade-Biedermeier übernommen haben.

Der **Bionade-Biedermeier** beschreibt die moderne Elterngeneration, die Geld hat, gebildet ist und alles, was früher als alternativ galt, kommerzialisiert und damit salonfähig gemacht hat.

Elterninitiativen, Trommelkurse, Bioessen, Solarstrom und Patchworkfamilien sind durch die chicen Ökospießer zum Mainstream geworden. Das ehemalige Szeneviertel Berlin-Prenzlauer Berg gilt als Brutstätte dieser neuen Mentalität.

Spießige Ökoschwaben-Väter bestimmen dort angeblich, wer auf den Spielplatz darf und wer nicht genügt. Es gibt Latte macchiato aus fairem Handel, Bioeis und Liegestühle für die gestressten berufstätigen Teilzeitmütter. Hochwertiges Spielzeug kann bei einem fest angestellten Sozialpädagogen geliehen werden, der sogar in chinesischer Heilmedizin ausgebildet ist und der auf Nachfrage akupressiert und der, so wird behauptet, auch indische Kindermeditation anbietet. Immer donnerstags kocht dann ein vietnamesischer Ein-1-Jobber Thaicurry aus hundertprozentig ökologischem Anbau. Das ist gelebtes Multikulti! Hier können sich Eltern noch einbilden, verantwortungsvoll, bewusst, entspannt und tolerant zu sein.

Nervensäge Typ 14: Das Biest

Schon klar, schon klar, wir hatten das ja schon: Es sind Kinder! Die können nichts dafür, also reißt euch mit euren Aversionen gefälligst zusammen; jaaa, schon klar.

Schwer fällt das aber besonders bei dem Typus »Biest«. Fakt ist nämlich, dass eine solche kleine Bazille einen so sauer machen kann wie 'ne große. Und wenn man ihre verschlagene kleine Visage sieht, dann fühlt man zwar für einen Moment einen Anflug von Bedauern und Wehmut. Und von Erstaunen, und man wundert sich, wie weit dieses Früchtchen – jedenfalls was den Grad seiner Raffiniertheit und Durchtriebenheit angeht – schon damit gekommen ist, seine Kindlichkeit hinter sich zu lassen. Aber dann gewinnt der Ärger die Oberhand. So ausgebufft, so planvoll, so systematisch ist manch Erwachsener nicht!

Besehen wir uns also dieses wahre Herzchen ein bisschen genauer. In der Regel ist es ein Mädchen. Das kleine Biest. Die Polarisiererin. Die Hintertreiberin. Die Hinterfotzige. Flüstern, Kungeln, Mauscheln wurden für sie erfunden. Ihr Blick ist immer ein bisschen unverschämt, als plane sie was, das einem bestimmt nicht gefällt. Sie plant auch meistens was. Dazu braucht sie Verbündete und Opfer. Die ganzen naiven harmlosen Trinchen um sie herum versetzt sie in Unruhe. Weil sie sie an einem Tag umgarnt, bezirzt, ihnen schmeichelt, um sie am nächsten Tag zugunsten einer anderen links liegen zu lassen, nicht ohne zu tuscheln, fiese Blicke zu werfen. Sie spinnt ein kompliziertes Netz, um jede kleine Klassenkameradin ein eigenes. Sie hat ein aufmerksames Auge für Schwächen und Lücken, weiß, wer wen nicht mag, wer was nicht gut kann, wer wovor Angst hat.

Der Hundetrick

Iliana und Elisa sind beste Freundinnen. Iliana hat ziemliche Angst vor Hunden. Elisa mag Hunde. Die Dritte im Bunde, das kleine Biest, hat auf einmal so oft wie möglich, zum Beispiel beim Abholen, den Hund ihrer Großmutter dabei, ein Riesenvieh. Iliana steht schlotternd abseits da, ehe sie sich trollt. Das kleine Biest macht noch eine Bemerkung von wegen Babyangsthase oder Anstellerei. Elisa kriegt das gar nicht mit, weil sie das Riesenvieh hinter den Ohren krault, ehe sie zustimmt, dass sie und das kleine Biest sich ja mal treffen und mit dem Hund spazieren gehen können. Und dann wird das kleine Biest nebenbei auch ein paar Worte über Iliana fallen lassen.

So ist sie mit jeder über ein System verbunden, das nur sie kennt, und kann an den Strippen ziehen. Das ist durchaus eine Leistung, das muss ein Kind erst mal eine Weile durchhalten. Das Harmlose, Unbedarfte der anderen Mädchen ist das Schmieröl für ihren Motor.

Ein gewisser Reiz geht durchaus von ihr aus. Sie hat Ideen, ist lebhaft und man kann vielleicht sogar mal toll mit ihr spielen, wenn sie gerade kein geheimes Kommando führt, wenn sie gerade keine Mission erfüllt, sondern einfach ein Kind ist. Aber das Ränkeschmieden steckt ihr tief in den Knochen. Meist hat sie keine Zeit zum Nett-Sein. Sie ist viel zu beschäftigt damit, auf dem Klassenausflug dafür zu sorgen, dass eine von fünfen nicht im Pulk mitgehen darf, sondern ein paar Meter hintendran. Das sagt sie ihr vielleicht sogar ganz offen, dreist, mit angemaßter Autorität, aber immer so, dass die Lehrerin und die

Begleitmuttis (erst mal) nix mitkriegen. Und die anderen vier sind zu verwirrt, zu unsicher, vielleicht auch zu feige, um dagegenzuhalten. Selbst ins Visier geraten wollen sie nicht. Lieber nachher die Ausgeschlossene ein bisschen trösten, aber erst mal stillhalten. Bloß nicht selbst Zielscheibe werden. Da können sie nicht mithalten. Das kleine Biest ist ihnen überlegen.

Fortsetzung Hundetrick

Das kleine Biest hat tatsächlich etwas Unruhe in die Verbindung von Iliana und Elisa gebracht, ein bisschen Eifersucht, ein bisschen Irritation, ein bisschen Bauchweh bei Iliana, kurzes Aufflackern von Begeisterung bei Elisa. Aber dann fühlt sich Elisa zunehmend unwohl, bedrängt, vereinnahmt und bevormundet, weil das kleine Biest herrisch über sie wacht und ihr alle anderen Mädchen madig machen möchte und ihr derweil vorschreibt, was sie wann tun soll, und der Hund ist zwar toll, aber wenn die Gespräche auf dem Spaziergang einen nur in Stress versetzen, verzichtet Elisa lieber. Jetzt muss sie nur wieder raus aus der Biestfalle.

Das kleine Biest hat immer besonders tolle Leckereien dabei, mit denen sich andere prima umgarnen und umschmeicheln lassen. Ihre Mutter, die das Wesentliche nicht durchschaut, dafür aber mit besonders grandiosen Brotzeiten ein bisschen die Ungerechtigkeit der Welt ausgleichen will, liefert ihr die Sozialmunition. Warum nur ergehen sich all die anderen Mädchen in dicken Freundschaften und ihre Kleine – die sie für lieb, zart und ein bisschen bedürftig hält, weil die anderen sich ja quasi wie die Maden im Speck fettfressen an Freundschaften und Kontakten, während ihr Hascherl nichts abkriegt – wird immer nach ein paar Treffen nicht mehr eingeladen? Und die anderen rufen nur schleppend zurück und reagieren so unbegeistert auf alle Vorschläge. Dabei ist sie bereit, sie alle mitzunehmen, zum Schwimmen, zum Reiten, auf Ausflüge, auf Wochenenden. Wie machen die anderen das bloß?

Außerdem macht das kleine Biest großzügige Geschenke. Wenn es auf natürlichem Weg schon keine Freundinnen gewinnt, dann könnte sie sich vielleicht welche kaufen? Und um auf Nummer sicher zu gehen, packt sie ihrer Klassenkameradin, die sich mal wieder auf ein nachmittägliches Treffen eingelassen hat, nicht nur eine, sondern sechs Sachen in die Tasche: eine Kette, eine Barbie, einen Plastiklöwen, einen Glitzerstein, zwei Pferdeaufkleber. Verdammt, so muss die doch ihre Freundin werden! So funktioniert das doch, oder?

Wenn die Erwachsenen dann ungehalten werden, weil sie merken, dass das kleine Biest mit ihrer hintertreibenden Art mal wieder irgendwen zum Weinen gebracht hat, weil sie genervt sind von der vorlauten Art (»Warum kann die Fiona nicht nach dem Termin kommen?«), von den lauernden Blicken, als gelte es, stets und ständig auf der Hut zu sein, um den günstigsten Moment zum Zuschlagen nicht zu verpassen, weil sie immer das Gefühl haben, dass da ein kleiner Spion im eigenen Lager ist, der nur darauf wartet, zuzuschlagen – wenn die Erwachsenen also die Schnauze voll haben und ein offenes Wort an das kleine Biest richten, wird sie ewig rumdiskutieren, rein gar nichts zugeben und alle blöd finden. Und nachts weinen und einen Albtraum haben. Aber das kriegt ja keiner mit außer Mama. – Die in fataler Verkennung der Umstände das kleine Biest tröstet: Die anderen seien unfair und sie habe Pech, dass sie nicht so nette Mädchen in der Klasse habe. Und damit befeuert sie die zwei widersprüchlichen Kräfte, die das kleine Biest treiben: eine tiefe Unsicherheit einerseits und eine massive Selbstüberschätzung andererseits. Die Unsicherheit bewirkt, dass sie sich ständig etwas beweisen muss und sich kaum je richtig entspannen kann. Die Selbstüberschätzung bewirkt, dass sie findet, bestimmte Rechte stünden ihr zu: etwa das Amt der Klassensprecherin. Dann ist sie nämlich noch wichtiger, noch anerkannter und hat noch häufiger Bestimmtag. Es gibt nichts Herrlicheres als Bestimmtag. Aber die doofen anderen wollen da nicht mitspielen. Die wollen zwar gar nicht unbedingt selbst bestimmen, aber sie wollen sich auch nicht dauernd sagen lassen, was sie tun sollen. Die führen sich so sperrig auf. Das kleine Biest will aber beliebt sein, den Ton angeben, bestimmen. Eine Prinzessin braucht einen Hofstaat. Der steht ihr zu.

Wenn es an die Wahl des Klassensprechers geht, hat das kleine Biest schon eine Kampagne hinter sich. Sie weiß genau, wem sie Honig ums Maul schmieren (»Wir sind doch Freundinnen!«) und wem sie einheizen muss (»Wenn du mich nicht wählst, haben wir was zu klären«). Am Ende ist sie Klassensprecherin, weil's den anderen nicht so wichtig war und sie keinen Ärger wollten.

Ende Hundetrick

Elisa geht, wenn möglich, nicht mehr ans Telefon, wenn das kleine Biest ständig anruft, um nach den Hausaufgaben zu fragen, Vorschläge zu machen, Geschenke anzukündigen, hartnäckig Treffen einzufordern (»Warum kannst du denn nicht?« Oder: »Und am Sonntag?«). Die Mutter vom kleinen

Biest ist ratlos, wieso das schon wieder nicht hingehauen hat mit der Freundin, dabei haben sie doch alles getan. Elisas Mutter ist gestresst und ärgert sich, wieso das mit manchen Leuten nett losgeht und dann so mühsam und unerfreulich weitergehen muss. Wenn es nur nicht so viele Neurotiker auf der Welt gäbe! Ab jetzt wird sie lieber in einen anderen Gang schieben, wenn sie die Biestmutter im Supermarkt trifft, und irgendwann gehen die beiden Mädchen hoffentlich eh auf verschiedene Schulen …

Und der sähe zum Beispiel so aus: Das Biest versteckt die Spielsachen der anderen so, dass sie sie nicht wiederfinden. Es kursieren lauter Briefchen, in denen sie die anderen Mädchen beschuldigt, eine saublöde Arschgeige zu sein. Wenn's dann doch Stress mit der Lehrerin gibt, kommt ihr Papi, droht mit anwaltlichen Maßnahmen und spricht von Mobbing. Die anderen sind die Bösen.

Die Eltern der anderen Kinder durchschauen die kleine Quertreiberin meist, bevor das ihrem Kind auch gelingt, und müssen balancieren zwischen Warnung, Gelassenheit und Aufklärung. Denn schließlich wissen sie: Ihr Sprössling wird im Leben noch so vielen Miesmuscheln, Stinktieren und Kojoten begegnen, dass es eigentlich gar nicht früh genug damit anfangen kann, sich im Umgang mit denen zu üben.

Das wollte das kleine Biest gewiss nicht sein: Übungsobjekt fürs spätere Leben – an das man sich manchmal noch erinnert und dann erleichtert ist, dass die Wege sich getrennt haben.

Rotzlöffelalarm auf der Abifahrt

Abikalypse 2012 ... und nach uns die Sintflut

Tassilo kniet am Boden. Er hat das Ende eines 1,50 Meter langen Plastikschlauchs im Mund. Sein Blick ist erwartungsvoll nach oben gerichtet, denn über ihm steht Kumpel Quirin, der einen Trichter am anderen Ende des Schlauches mit zwei Dosen Billig-Bier befüllt. Die betrunkenen Jungs und Mädchen, die Tassilo beim Kampfsaufen umstehen, tragen alle knallrote T-Shirts, auf denen vorne »ABIsutra ... 2012« zu lesen ist. Auf dem Rücken prangt die Ergänzung »... jetzt gehen wir auf Stellungssuche!« Wie witzig! Die frischgebackenen Absolventen eines Coburger Gymnasiums lallen lautstark einen Countdown und auf »Hau wech den Drech!« hat Tassilo das Billig-Bier intus. In Siegerpose richtet er sich taumelnd auf, pendelt sich unsicher auf seinen sonnenbrandgeröteten, spindeldürren, behaarten Beinen ein und stößt zusammen mit einem satten Rülpser ein »Shot!« auf, was unter Powertrinkern so viel bedeutet wie »Alkohol erfolgreich versenkt.« Die Gruppe grölt begeistert und stimmt lallend in den Atzen-Hit »Hey, das geht ab. Wir feiern die ganze Nacht«, der vom Karamba-Klub herüberdringt, ein. Schneller kann man einen halben Liter Bier nicht in einem menschlichen Körper versenken. Ungefähr 30 zerknickte Bierdosen liegen bereits um die Gruppe herum auf der sonnenverbrannten Wiese. »Halligalli, Remmidemmi, Pillepalle, Dingeldangel«, krakeelen irgendwelche anderen Suffköpfe aus der Ferne. Da macht sich die blaue Tanja für den nächsten Shot bereit. Den Rekord wird sie zwar nicht brechen (den hält Schnapsdrossel Pia unangefochten mit nur drei Sekunden Einflößzeit), doch sie sorgt für Gegröle, denn alle vier Dosen Bier, die sie sich gerade in nur fünf Minuten hat eintrichtern lassen, kübelt sie eruptiv über einen vertrockneten Oleanderbusch am staubigen Wegesrand. Tom filmt sie bei der prompten Getränkerückgabe belustigt mit seinem iPhone. Ganz besonders freut sich der angehende Medizinstudent darüber, dass die Saufamsel auf den wertvollen Vergünstigungsausweis kotzt, der um ihren Hals baumelt und der ihr kostenlosen Sangriafusel für eine Woche und Zutritt zu fünf Party-Klubs garantiert.

> Etwa 40 Absolventen eines Fuldaer Gymnasiums haben in einem kroatischen Badeort eine Ferienanlage verwüstet. Die stark alkoholisierten Jugendlichen zerschlugen Mobiliar, warfen Feuerlöscher durch Fensterscheiben, brachen in leer stehende Apartments ein und beschmierten die Einrichtung mit Fäkalien.

Eine Woche exzessive Party für 199 Euro, alles inklusive, haben die Coburger Gymnasiasten gebucht. Es gibt eine ganze Reihe von Reiseanbietern, die sich auf Abschlussfahrten für Abiturienten spezialisiert haben. Die Veranstalter versprechen hundertprozentige Eskalationsgarantie! Was darf man sich darunter vorstellen? Dass ganz, ganz sicher irgendwelche Krawalleros einem das Hotelzimmer verwüsten? Oder soll man sich darauf verlassen können, täglich in eine Schlägerei verwickelt zu werden? Oder bedeutet diese Zusage am Ende, dass man auf alle Fälle jede Nacht mit Gewalt aus dem Karamba-Klub geschmissen oder gar abtransportiert wird? Ich weiß es nicht! Vielleicht könnte man das Angebot am ehesten als hundertprozentige Brechreiz- oder Kotzgarantie verstehen. Wenn man gebildete Leute damit ködern kann – bitte ..., aber Halbpension im Drei-Sterne-Hotel am Meer, Billig-Saufen und zweifelhaftes Bespaßungsprogramm ist im Pauschalpreis auf jeden Fall dabei. Spanien, Kroatien und Bulgarien sind besonders gefragte Ziele. Eine Schaumparty, ein Limbo- und ein Wet-T-Shirt-Contest stehen eigentlich auch immer auf dem Unterhaltungsprogramm. Gleitgelcatchen und Hotpantsknöpfe junger Damen mit den Zähnen zu öffnen, sind, scheint's, in diesem Jahr der Renner. Tassilo macht sich allerdings eher Hoffnungen, den Mr-Knackarsch-Titel zu holen. Ab September wird er Jura studieren, Freundin Pia möchte Grundschullehrerin werden. Jetzt wollen sie sich nach all dem Stress nur die Birne freisaufen. Vor zwei Tagen hat ihnen der Direktor des Sophie-Scholl-Gymnasiums ihre Reifezeugnisse überreicht, sie als Elite bezeichnet und ihnen eine erfolgreiche Zukunft vorausgesagt. Diese Jugendlichen, die hier an der Costa Brava die Sau rauslassen, sind alles andere als reife Persönlichkeiten. Sie benehmen sich wahrhaftig nicht so, als hätte man es hier mit der Crème de la Crème des deutschen Nachwuchses zu tun, bestenfalls würde man annehmen, diese prasseldummen Nichtsraller wären der Mehmet-Scholl-Gesamtschule aus Hinterpfuiteufel entkommen. Diese volltrunkenen Spackos sollen also unsere Zukunftsträger sein und meine Rente bezahlen? Mir wird himmelangst und bange, und ich hoffe, dass ich schon im Rettungswagen verenden darf, bevor ich auf dem Operationstisch von Tequila-Tim lande, der fest vorhat, in vier Jahren fertiger Unfallchirurg zu sein. Hilfe!

Ein 16-Jähriger Gymnasiast bricht in Norddeutschland nach einer Flatrate-Party mit 4,8 Promille zusammen und stirbt nach einem Monat im Koma.

Im All-Inclusive-Eskalationspaket ist auch ein muskelbepackter Animateur enthalten, der bereits unmittelbar nach der Abfahrt im Heimatort für Stimmung im Reisebus sorgte. Der braun gebrannte, 20-jährige Schulabbrecher »Dr. Sexgott« begleitete den Bus der Coburger, und als professioneller Spaßvogel mit der heiser geschrienen Stimme fing er auch gleich mal mit einem Ausziehspiel an, um die Streber aus Oberfranken in Fahrt zu bringen. Trichtertrinker Tassilo musste gegen einen Schulkameraden antreten und im Bus möglichst viele Klamotten von den Mitreisenden in einem Müllsack einsammeln. Ein T-Shirt zählte einen Punkt, eine Hose zwei, ein BH drei, eine Unterhose vier, ein Stringtanga sogar fünf Punkte. Bei Bamberg waren alle nackt, in Würzburg alle blau. Tassilo gewann mit 486 Punkten eine Flasche Wodka, und in Heilbronn waren dann endlich alle breit genug, um bis Lloret de Mar durchzupennen. Leichtes Spiel für Sunnyboy Dr. Sexgott (der in Wirklichkeit Elmar Unterstoißer heißt und der sich sein Hobby zum Beruf gemacht hat) – da hatte er wahrhaftig auch schon feierwilligere Gruppen mit besserem Durchhaltevermögen bespaßen müssen. Nur dreimal musste er die vollgekotzte Bustoilette freipumpen – quasi ein Witz für den professionellen Ins-Koma-Treiber. Nach 17 Stunden Fahrtzeit spuckte dann der geschundene Bus seinen vergorenen Mageninhalt vor eine verlebte Absteige in Lloret de Mar auf den glühenden Asphalt und überließ die stinkende Menschenlache für eine Woche ihrem Schicksal. In dem spanischen Badeort hatte es bereits an die 30 Grad. Erste Ernüchterung: Es gab keine kostenlosen Sonnenschirme und Liegen am Strand wie im Prospekt versprochen. Tja, Schlaumeier der Sonderklasse! Immer schön das Kleingedruckte lesen! Da fing die wahre Schule des Lebens an, denn auf der Internetseite stand ganz klar: »Schirme und Sonnenliegen werden *je nach Verfügbarkeit* gestellt.« Die paar Liegestühle, bei denen der Stoff noch nicht komplett in Fetzen vom Gestell hing, hatten sich aber schon fünf verkaterte Abiturienten aus Obergurgl gekrallt. Aber Dr. Grins-im-Kreis Sexgott war sofort zur Stelle und besänftigte die aufgebrachten Ärztesöhnchen, indem er ein Entschädigungstrinken bei Señor Cucaracha in Aussicht stellte. Dort konnten die Klugscheißer dann in der Mittagshitze pures Ethanol aus Ikea-Putzkübeln saugen – bis der Arzt kam! Abends steht für die rotschenkeligen Bleichgesichter aus Bayern dann noch die ultimative Willkommensparty in der Shake-your-Ass-Lounge auf dem Programm. Dort wackeln mehrere drei Meter hohe Plastikpenisse im Technobeat auf der Tanzfläche und ejakulieren stoßweise weißen Schaum in die tobende Menge. Specialguest ist dort der Almklausi (»Hey, kleines Luder«/»Rama Lama Ding Dong«) – also wer nicht spätestens dann kotzt, dem ist auch nicht mehr zu helfen! Doch jetzt wird erst mal weiter vorgeglüht. Äußerlich und innerlich. »Sauft, ihr Schweine!«, feuert Dr. Sexgott seine auf Reife geprüften Schützlinge an – denn das ist verdammt noch mal sein Job.

Zwei Abiturienten wollten einen Clownfisch aus dem Hotelaquarium angeln und ihn in ihr mit Wodka gefülltes Waschbecken umsiedeln, um den vergessenen Nemo an ihrer Hotelzimmer-Vorglüh-Session teilhaben zu lassen.

Untergebracht sind die Schüler in einem Drei-Sterne-Hotel im Ortszentrum, das den Charme einer versifften Legebatterie ausstrahlt. Von wegen Meerblick und Strandnähe! Das läuft mal wieder astrein auf einen Wiedergutmachkübel Sangriafusel hinaus. Die Zimmer sind auf einen trostlosen, unbegrünten, engen Innenhof gerichtet, die Balkone werden sofort individuell beflaggt. Gegenüber hängen vor allem niederländische Fahnen über der Brüstung und Handtücher mit der Aufschrift: Abi-Kalypse 2011. Quirin klettert auf einen weißen Plastikgartenstuhl, der sofort bedenklich in die Grätsche geht, und plärrt erst mal »So sehen Sieger aus!« in den hallenden Lichthof. Weil drei Mädchen, angeblich mit Aussicht auf Begabtenförderung, aus Castrop-Rauxel vom Zimmer nebenan »Lass den Bimbam baumeln!« fordern, packt Quirin aus, präsentiert sein Gemächt stolz in alle Himmelsrichtungen, um nun über das Geländer bis auf holländisches Herrschaftsgebiet zu pissen.

Was haben die nachstehenden Persönlichkeiten entdeckt oder erfunden?

Hier die Monsterantworten der drei Schreckschrauben aus Castrop-Rauxel:

Marie Curie	Curiepulver
M. Faraday	Mountainbike
Heinrich Hertz	Hertz IV
Carl Benz	Abenzkranz
Graf von Zeppelin	ADHS-Syndrom
Bert Brecht	Brechttüte
Johannes Gutenberg	Raubkopie
Georg Simon Ohm	Ohmlett
Robert Bunsen	Geschlechtsverkehr

Jetzt kracht endlich der Balkonstuhl zusammen. Die Schnecken aus Castrop-Rauxel buhen enttäuscht, Holland feixt und versucht, den blutenden Quirin mit alten Bierdosen unter Beschuss zu nehmen, und seltsame Esslinger Last-Minute-Bucher grölen jetzt vom siebten Stock: »Wir wollen Brüschte sehen!« Angeregt wurden sie durch die angehende Zahnmedizinstudentin Tanja, die an ihrer Balkonstange im Bitch-Outfit für den morgigen Sexy-Carwash-Wettbewerb trainiert, während Schulfreund Tassilo mit zwei angetrunkenen Trullas aus Jena übermütig ihr Doppelbett zu Kleinholz hüpft.

Ein Abistreich im Harz ist offenbar ausgeartet. Die feierwütigen Absolventen eines Gymnasiums bewarfen das Schulgebäude mit Nudeln, Eiern, Mayonnaise und anderen Lebensmitteln, verstreuten auf dem Schulhof Konfetti und Klopapier und beschrieben mit wasserunlöslichen Stiften die Scheiben der Fenster mit unflätigen Sprüchen.

Minerva-Luise, von einem humanistischen Gymnasium in Bayern, brüstet sich damit, gestern im Gaucho-Klub den Arschversohl-Wettbewerb gewonnen zu haben. Sie hatte ihrem Spielpartner Til aus Dettelsau den nackten Po am eindrücklichsten mit ihrem Flip-Flop rot gedroschen, solange der, über ihr Knie gelegt, einen Krug Sangria aussüffeln musste. Deswegen gibt die dralle Möchtegern-Domina jetzt einen aus und reicht eine Schnapslatte zu Quirin rüber, der selbstverständlich auf deren Angebot eingeht, sich später von ihren Sadomaso-Künsten überzeugen zu lassen. Vier Jahre intensives Altgriechisch-Studium scheinen bei dem Badelatschen-Luder keinerlei Höhere-Bildung-Spuren hinterlassen zu haben. Aber so viel hat der daueralkoholisierte Sohn eines angesehenen Lokalpolitikers immerhin schon abgecheckt: Die Burgfräulein in den spanischen Bettenburgen sehen nicht ganz so dufte aus wie die vollbusigen, langbeinigen Playmates auf der Internetseite des Reiseanbieters. Wieder ein klassischer Fall für Entschädigungstrinken – da kommt die Einladung zur Tequila-Randale inklusive Sprachkurs: »Lern' dich erst mal richtig zu ejakulieren, Hombre!«, vom Zimmer gegenüber gerade recht. Und die mopsige Minerva-Luise säuft er sich schon noch zur Mona Lisa. Also, trink, du Schwein!

In Neuseeland haben Schulabgänger den Umriss eines riesigen Gemächts in den Rasen des zentralen Schulhofes gemäht. Durch Google Earth wurde das Kunstwerk entdeckt und die kleine Provinzschule berühmt.

Nervensäge Typ 15: Das Juristensöhnchen und andere aus der wohlstandsverwahrlosten Szene

Tamino-Serafin hat zu seinem zwölften Geburtstag zur VIP-Party in den Mumu-Klub eingeladen. Sein Vater hat die Wellnessoase in Blankenese für 40 Hamburger Hanseaten-Hasis am Nachmittag reservieren lassen. Die E-Invitation-Card hat der Boss einer etablierten Unternehmensberatung von seinem Artdirector layouten und producen lassen. Sie zeigt den Jubilar auf dem Fahrersitz eines feuerroten Ferraris an der Rennstrecke von Monte Carlo. Tamino-Serafins Mutter fand die Idee der Marketingassistentin total süß, die Gäste mit einem Dresscode zu belegen und mit einer Stretchlimousine abholen zu lassen. Die Mädchen werden nun im Boxenluderlook erwartet, die Jungs im Keke-Rosberg-Outfit. Im Anhang findet man eine Geschenkeliste. Unter 100 Euro ist eigentlich nichts dabei. Das günstigste ist noch der Jahresausweis für das Speedworld Premium Gokart-Center in Düsseldorf. Die animierte Einladungskarte verspricht dafür Cocktails am Pool, Wasserpfeifen in der Orient-Lounge und eine exzessive Danceparty mit DJ Klaas Klar auf der Dachterrasse des Klubs. Die verwöhnten Goldküstengirlies und die gegelten Juristensöhnchen werden sich später auf Facebook darüber austauschen, wie öde die Veranstaltung doch wieder war – da konnte auch der Arschbomben-Battle in heißer Garderobe nichts mehr rüberretten oder dass sich Ruben, Tilda & Co. Zigarren mit Geldscheinen anzündeten und dann die Hollywoodschaukel aus den Angeln hoben. Der Mumu-Klub ist einfach seit ein paar Monaten nicht mehr wirklich angesagt, genauso wenig wie die ewigen High-Society-Partys auf Sylt.

Vielleicht swagged ja das Event von Sienna van der Kampen auf einer Bohrinsel in der Nordsee, zu der sie nächstes Wochenende ein Helikopter bringen wird, mal ein bisschen mehr.

Weil Paintball in Deutschland erst ab 18 Jahren erlaubt ist, hat ein 13-Jähriger aus Bayern seine Geburtstagsparty mit 25 Gästen einfach nach England verlegt. Dort konnten sich die Möchtegernrambos dann mit Farbkugeln aus elektropneumatischen Waffen beschießen. Das Tolle ist, dass in England auch mit Munition geballert werden darf, die einen roten, blutähnlichen Sabber beim Auftreffen am Körper hinterlässt. In Deutschland geht nur grün! So macht Krieg spielen erst richtig Laune!

Die stadtbekannte Austernschlürferin und ehemalige Miss Slovakia an der Seite des in die Jahre gekommenen hanseatischen Geschäftsmannes kümmert sich täglich bis zur körperlichen Erschöpfung um angemessene Outfits für die diversen Auftritte ihres Zöglings. Die Hobbystylistin und der vermeintlich gemeinsame Sohn sind das gefühlte Eigentum des erfolgreichen Unternehmers – genauso wie der Outdoorwhirlpool, die Villa auf Sylt, die drei Oldtimer in der Tiefgarage des Anwesens und die Segeljacht im Mittelmeer.

Mit drei Monaten besuchte Tamino-Serafin schon einen zweisprachig geleiteten Elitekindergarten. Schriftliche Berichte seitens seiner US-amerikanischen Betreuerin, die nicht nur den Ernährungsplan des Kindes, sondern auch die emotionalen Höhe- sowie Tiefpunkte des Tages festhielten, haben Tamino-Serafins Erziehungsberechtigte zwar nie wirklich gelesen, sie gaben den beiden Wichtigtuern jedoch das sichere Gefühl, ihren Sprössling gut gefördert und untergebracht zu wissen; das Angenehme war, man konnte den Kleinen auch kurzfristig in der Kindertagesstätte zur Übernachtung anmelden. Und weil die Förderung und Entwicklung schnell gänzlich in fremde Hände gelegt worden war, wusste Papa Jansen auch, wen er zur Verantwortung ziehen musste, als der Knirps mit vier Jahren noch nicht mit einem Austernmesser umzugehen wusste und auf Chinesisch nicht mal bis drei zählen konnte.

Weil ein neunjähriger Junge auf einer hoteleigenen Freischachanlage im ägyptischen Hurghada mit einer 15 Kilo schweren Figur einfach umfiel und sich dabei den Mittelfinger brach, verklagten seine Eltern den Reiseveranstalter auf 2000 Euro Schmerzensgeld und 190 Euro Schadensersatz.

Die Angebote eines statusorientierten Luxuslebens werden dem Racker ungefragt auf dem Silbertablett angereicht. Die freie Möglichkeit zu wählen und selbstständig Entscheidungen zu treffen, wird ihm aber genauso vehement abgenommen wie das Aufräumen, die Kleiderwahl und die Freizeitgestaltung. Betreut wird Tamino-Serafin von ständig wechselnden Wesen, die nicht seine Sprache sprechen. Wenn es Beschwerden gibt, werden die Kontaktpersonen sofort ausgetauscht. Also ständig!

»Gerade bei Laufspielen bestehe auch bei Einhaltung der Spielregeln stets die Gefahr, dass die Teilnehmer im Wetteifer stürzen und sich verletzen«, urteilte ein Coburger Gericht. »Dieses Risiko werde von allen Beteiligten gemeinsam gebilligt.«

Mit diesen Worten wurde die Klage eines Elternpaares, den Fänger des traditionellen Laufspieles »Wer hat Angst vorm schwarzen Mann?« für das Stolpern ihres Kindes verantwortlich zu machen, zurückgewiesen.

Die Woche des geschniegelten Kaschmirknaben ist durchgetaktet und von einer chinesischen Eventplanerin organisiert. Hockey, Segelturn, Polo, Klavierunterricht, Besuch in der Oper, Latein-, Mathe-, Englisch-, Physik- und Französischnachhilfe und eine Golfpartie stehen selbstverständlich auf dem wöchentlichen Programm. Das Wochenende verbringt der arme Reiche oft auf Menorca. Seine Nachhilfelehrer kommen nur in den Ferien mit. Am Wochenende ist meistens nur irgendeine »Schlampe«, wie Tamino-Serafin zu sagen pflegt, aus dem Ostblock dabei, deren ständig wechselnde Namen er nicht mehr bereit ist, sich merken zu wollen. Denn immer, wenn seine Mutter das Gefühl beschleicht, das neue Au-pair-Mädchen würde sich an »El Bonzo« (Vater Jansen) ranmachen, wird dem Jungen eine neue »Ersatztitte« zur Seite gestellt – und das ist meistens etwa nach vier Wochen der Fall.

Die Note Fünf einer achtjährigen Grundschülerin in der Lernzielkontrolle in Heimat- und Sachkunde über das Thema »Igel« durfte wegen einer angeblichen Igelphobie des Kindes nicht gewertet werden.

Eine Mutter aus Bayern versucht nun, den Übertritt ihres Sohnes zu retten, indem sie ihrem Sohn eine Fäkalienphobie attestieren lässt, um die Leistungsabnahme über das

Thema »Klärwerk«, bei der ihr Sohn nicht die erwartete Leistung erbracht hatte, rückwirkend ungültig zu machen.

In der Grundschule war Tamino-Serafin wegen dieser Wochenendtrips oft übermüdet im Unterricht eingeschlafen. Aber seit er an der teuren Privatschule angemeldet ist und sein Vater neben dem ekelerregend hohen Monatsbeitrag auch noch eine Skulptur für den Schulpark hat springen lassen, scheint sein Vorrücken ohnehin nicht mehr gefährdet zu sein. So viel hat der Luxuslümmel schon mitbekommen: Geldspenden öffnen Tore, und wenn Großzügigkeit undankbar abgelehnt wird, dann wird eben mit dem Anwalt gedroht, und wenn das nicht hilft, dann wird prozessiert. So hat es mit dem Kindergartenplatz funktioniert, mit dem Übertrittszeugnis, so hat er es auch in die A-Auswahl des Hockey-Klubs geschafft, und so wird er auch in vier Jahren zu einem Platz auf einer US-amerikanischen Elite-Highschool kommen, bevor er dann 2024 sein BWL- und Jurastudium in Harvard abschließen wird.

»Gute Erziehung besteht darin, dass man verbirgt, wie viel man von sich selber hält und wie wenig von den anderen.«

Jean Cocteau

Im Umfeld der Jansens ist das normal. Neulich hat Schönheitschirurgensohn Valerian einen entgegenkommenden Fahrradfahrer vorsätzlich von seinem Drahtesel gerempelt, weil der ihm und seiner Freundin Smilla, die da mitten auf dem Fahrradweg stolzierten, nicht ausweichen wollte. Der

Idiot wollte Valerians »'Tschuldigung!« nicht annehmen und drohte leichtsinnigerweise, ihn auf Schmerzensgeld zu verklagen. Valerian hat dem Schwerverletzten noch am Unfallort deutlich gemacht, dass er sich nicht die Mühe machen sollte, gegen ihn vorzugehen. Es hätte sich schon mehrfach bewiesen, dass die Prozessgegner seines Staranwaltes da schnell den Kürzeren ziehen und deswegen mit derartigem Unfug nur unnötig Zeit und Geld verbraten würden. Er (Valerian v. K.) hätte sich ja wohl gebührend entschuldigt und käme dem unglücklich Gestürzten nun zusätzlich mit dem einmaligen und zudem äußerst großzügigen Angebot entgegen, ihm zum Vorzugspreis eine Nasenkorrektur und Tränensackunterspritzung in der Privatklinik seines Vaters in Aussicht zu stellen. Der Schaden der zerrissenen Billigklamotten sei ja ohnehin von unbedeutendem Wert und könne vor Ort sofort und unkompliziert mit 5 Euro beglichen werden. – Das war wirklich ein faires Entgegenkommen! Aber der Prolo wollte nicht hören. Jetzt hat der radfahrende Raser nicht nur eine steife Schulter, sondern auch die Prozesskosten und eine Beschwerde wegen Beleidigung und Nötigung am Hals. So schnell kann's gehen, wenn man großzügige Angebote leichtfertig ausschlägt. Und für Zeugin Smilla hat Valerians Vati sogar ein Goldarmband springen lassen.

Wenn die Luxuskinder sich etwas von ihren Eltern abschauen konnten, dann ist das gelebte Überheblichkeit. In die Villa neben Staranwalt Hinderndeick ist jetzt Milliardär »Laternen-Lars« gezogen, der seine Kohle im Rotlichtmilieu gemacht hat. Klar, dass man da unter den Dagoberts schon differenzieren muss. Lars' Brut, Paris, Santino und Titan-Joe werden freilich nicht auf die Bohrinsel eingeladen werden. Die passen einfach nicht zu Ruben, Smilla und den Luxuskindern mit echtem Niveau.

Ein 16-jähriges Mädchen aus dem französischen Meaux hat insgesamt 9788-mal mit dem Handy ihrer Mutter den Notruf der Polizei gewählt. Das Mädchen gab an, aus Langeweile gehandelt zu haben. Sie wurde nach dem viermonatigen Telefonterror wegen »böswilliger Anrufe« und »grober Beleidigung von öffentlichen Amtsträgern« vorläufig in Gewahrsam genommen. Der 16-jährigen droht nun eine einjährige Haftstrafe und eine Geldbuße von bis zu 15000 Euro.

Wenn den richtigen Reichen mal langweilig ist, weil gerade nichts auf dem Programmplan steht, dann kokettieren sie gerne mit ihrer Macht, die ihnen das Schicksal einfach so in die Wiege gelegt hat. Sie sind es nicht nur gewöhnt, es macht ihnen auch Spaß, den Rest der Welt wie minderwertige Bimbos zu behandeln. Ihre Familien bringen schließlich Hunderte von asozialen Dienstleistern in Lohn und Brot, die sonst von Hartz IV leben müssten – da soll ihnen mal einer blöd kommen. Ohne Leute wie die Väter von Valerian und Tamino-Serafin oder der von Reedertochter Rosalie wäre Deutschland keine blühende Landschaft, sondern eine verödete, verblödete Grassteppe! Valerians Stiefschwester Wilma wurde vor einer Weile mit Koks auf der Schulfreizeit in St. Moritz erwischt. Einer von Vatis Fahrern musste das Gör frühzeitig aus dem Skigebiet abholen. Die Kosten dafür musste allerdings rückwirkend die Schule übernehmen, die laut Gerichtsurteil die Aufsichtspflicht über das arme Mädchen vernachlässigt hatte. Jetzt segelt Wilma für acht Monate mit anderen Bonzenbratzen zur Strafe auf einer Luxusjacht durch die Karibik. Mithilfe dieser Maßnahme soll sich die 15-Jährige wieder auf das Wesentliche besinnen.

Jugendliche spielten an der Nordsee »Schiffe versenken« – Eine Gruppe 17-jähriger hat aus Spaß mit ihrer Motorjacht Jagd auf Segelboote gemacht. Ein Schiff wurde dabei touchiert, eine Jolle zum Kentern gebracht.

Provokativ lässt ein Grüppchen Wohlstandsverwahrloster nach einem Picknick am Alsterstrand gerade seinen Luxusmüll vom Nobelitaliener am Ufer liegen. Und wer es wagt, sie deswegen zu maßregeln, bekommt einen mitleidigen Blick von der Polohemdfraktion geschenkt oder gleich die Visitenkarte von Vatis Anwaltskanzlei unter die Nase gehalten, »falls es Beschwerden geben sollte ...« Politikersöhnchen Kjell treibt es wieder mal auf die Spitze. Einem meckernden »Blockwart« steckt er einfach mal gönnerhaft einen Fuffi in die Brusttasche: »Für's Wegräumen!« von zwei niedergemachten Champagnerflaschen und ein paar Austernschalen. Das hat Stil!

Rotzlöffelalarm im Freibad

Das hier ist das Revier von Diego Schnitzer. Diego Barnabas Schnitzer. Er ist Schwimmmeister in der dritten Generation und er liebt seinen Beruf. Wer's nicht besser weiß, soll ihn halt Bademeister nennen. Daran, dass hier im Freibad alles seine Ordnung hat, hat Diego keinen ganz geringen Anteil. Seine Brust hebt sich unter seinem üppigen Brusthaar. – »Ich bin doch kein Nacktmull!«, stellt er klar und zeigt mit dem Kinn auf ein paar rasierte Jungspunde, während er stolz Luft holt. Der goldene Schalke-Anhänger glitzert in der Sonne. Lässig steht er in seinen Adiletten zwischen Duschen und Beckenrand und schnippt sich die Biene vom Kragen seines weißen Shirts, auf dem vorn »Buhmann« und hinten »Schmusemeister« steht. Diego streicht sich zufrieden über den Oberlippenschnauzer, während er in die Runde blickt. 30 Grad Celsius im Schatten. Freitagnachmittag. Da sind alle seine Lieben wieder vereint. Und wir dürfen ihn auf seiner Rötzlöffelrunde begleiten.

Alt und Jung lagern spärlich bekleidet mit nur symbolischen Freiflächen zwischen den Frotteehandtüchern auf einer ausgedörrten Wiese. Kleinkinder tappen über die Handtücher der anderen, und während man noch seinen Ärger unterdrückt, weil der kleine Kerl lauter Batzen Erde und Gras hinterlässt, muss man ihn schon trösten, weil er angefangen hat, jämmerlich zu heulen und nach seiner Mama zu rufen.

»Die Mutter liegt zwar nur zwei Bastmatten weiter, aber vor lauter Halbnackten erkennt der Panikzwerg sie nich'. Das haben wir hier jeden Tag 100 Mal. Der Wutz schaltet dann sofort die Sirene an, weil er denkt, er sieht seine Mama nie wieder«, weiß Diego und grinst nachsichtig. »Aber noch ham wir keinen ans Kinderheim übergeben, haha.« Der verlaufene Hosenschisser stellt seinen bedenklichen Mangel an Orientierungssinn eindrücklich unter Beweis. Nach einem Anderthalb-Meter-Ausflug ist er hoffnungslos verloren. Seine Mama relaxt im Lager der Sorglosen, wo sie seelenruhig auf ihrer Matte abliegt, anstatt bei der Beaufsichtigung ihrer Kinder einen durchgängigen Mindestpegel zu halten wie die leicht hysterischen Muttis, die beim ständigen Bewachen und Verfolgen ihres ausbüxenden Sprosses gleich mit über fremde Auslegewaren stampfen – stets in der sicheren Gewissheit, ihre hehre Mission (»Ich rette gerade mein Kind!«) rechtfertige jeden Übertritt.

»Hoho, da kommt es schnell mal zu üblen Keifereien«, berichtet Diego. »Ist aber nich' meine Baustelle.« Auch den Kleinknilch, der mit seinem Softeis nicht klarkommt, beachtet Diego nicht. Die Schmelzsoße ist dem Knirps jedenfalls auf das Handtuch eines sich räkelnden Pärchens getropft, und es haben umgehend drei Wespen in dem Schmodder Stellung bezogen. »Bisschen weniger Zucker für den Kurzen schadet eh nich'. Ich wunder mich manchmal, wenn hier ein Meister Petz nach dem anderen vorbeischiebt. Die sind doch alle noch viel zu klein für solche Speckpolster!« Diegos Blick ist inzwischen auf einen Moppel gerichtet, der gerade erst mit seiner Mama und seinen drei ebenfalls überernährten Geschwistern reingekommen ist und schon Pommes mit Mayo will. Nicht erst ins Wasser, nicht erst das Handtuch ausbreiten. Gleich Futter reinschieben. Immerhin schmollt der Moppel nur, als er nicht bekommt, was er will, und zunächst mit einem Karamellknabberriegel aus der Kühltasche vorliebnehmen muss.

»Wahnsinn, was diese Poller so alles verdrücken. Einer hatte sogar mal 'ne halbe Schwarzwälderkirschtorte dabei, auf einer Kuchenplatte, aber keine normale Torte, sondern eine mit Marzipanrauten obendrauf und neben den Kirschen noch Nougatbällchen. Echt! Und der war allein, nich' etwa 'ne ganze Gruppe ... aber man muss sagen, bei der Wasserrettung machen die Dicken kaum Probleme. Die essen ja auch die meiste Zeit, und wenn sie mal ins Wasser gehen, dann strampeln sie ein bisschen am Rand rum, weil sie auf der Rutsche nich' ausgelacht werden wollen.«

Diego lässt den Blick schweifen und schüttelt den Kopf, als er die vier Girlies sieht, die bäuchlings auf ihren Handtüchern liegen und allesamt mit ihren Smartphones beschäftigt sind. »Die da machen übrigens auch keine Probleme. Ins Wasser können sie ihre pinken Dinger nich' mitnehmen, und 'nen Hitzschlag kriegen die so schnell auch nich', weil die im Schatten liegen, da sie in der prallen Sonne das Display nich' erkennen können. Da braucht aber niemand denken, dass die sich mal unterhalten. Die daddeln bis Zapfenstreich auf ihren Geräten rum, und wenn die eine was von der anderen will, schickt sie ihr 'ne Nachricht auf die Nachbarmatte. Eine von denen hatten wir allerdings mal mit Heulkrampf auf der Wiese rumstehen, weil ihr Akku leer war und die Kollegin an der Kasse nicht gestatten wollte, dass sie zu ihr ins Häuschen kommt und sich an die Steckdose hängt.« Diego stöhnt bei der Erinnerung.

»Aber die gehen ja noch. Neulich dachte ich, da liegt ein Toter unterm Baum: so'n bleicher, dünner Typ, wie hingekippt ins Gras, olles Handtuch daneben, komische Haltung, regt sich nicht, die Käsestange. Ich geh hin, mal sehn, was los ist, sprech den an. Da dreht er sich, so mit letzter Kraft, wie'n Greis bei der Gymnastik, und murmelt irgendwas wie ›Snafu, Alter, reg dich ab, ego-shooten und fraggen und rushen is' halt geiler, hier isses so öde, da kannste ja nur 'n Lahmer werden.‹ Na, ich war nur froh, dass der kein Problem hatte, für das ich zuständig war.«

Diego schlendert weiter Richtung Sprungtürme und lässt seinen Schalke-Anhänger noch mal ordentlich in der Sonne aufblitzen, ehe er die Rettungsstange gerade rückt. Dann stutzt er und untersucht die Aluschlinge. »Nee, oder? Hat der Bengel seine Säge schon wieder dabeigehabt? Ich glaub's nich'! Wollte wahrscheinlich rausfinden, wie schwer einer in Seenot sein muss, bevor die angeritzte Schlinge reißt.« Welcher Bengel denn? »Na, dieser Aushilfs-Darth-Vader: Da hör ich bei den Sprungtürmen letzten Dienstag so 'n komisches Sägegeräusch und denk: ›siehste mal besser nach‹, und da hat doch echt einer von diesen Ritalin-Philipps 'ne Metallsäge mit reingeschmuggelt und macht sich an der Dreierleiter zu schaffen. Wollte mal sehn, wie das ist, wenn einer oben raufklettert und dann mit dem ganzen Gestell den Abflug macht. Als ich ihm den Spaß vermasselt hab, ist der gleich weiter abgetaucht und hat ausprobiert, ob die Umwälzpumpe die volle Windel von seiner kleinsten Schwester sauber kriegt. Mein lieber Schwan. Nix als Fürz im Kopf. Und die Krönung war dann noch, dass seine Cousine derweil mit dem dicksten Edding, den du bei Schreibwaren-Brindöpke kriegen kannst, ›Hier gibt's nur Fraß und Vogeldreck‹ an den Kiosk geschmiert hat. Das haben wir erst später gemerkt, aber welches Früchtchen sich da zur Graffiti-Lara-Croft aufmantelt, konnten wir nachweisen, weil die Kleene sich mit demselben Edding danach die Schwimmnudeln vom DLRG vorgeknöpft und auf jede einzelne ›Schlappschwanz‹ oder ›Opfer‹ draufgepinselt hat.«

Diego zieht seine stattlichen Augenbrauen hoch. »Da sind mir als Bademeister aber die Königspudelkinder lieber! Da siehste Sachen! Neulich lag da so 'n Nachwuchs-Einstein auf seinem Spezial-UV-Absorber-Segel im Schatten und zog sich Chinesischvokabeln rein. Is' das normal? Immerhin lässt so ein Zuchtkarpfen mich meine Arbeit machen. Nicht wie diese Schniekefransen. Neulich mussten wir doch glatt am Eingang irgend so 'n Edelfutter-Caterer abwimmeln, der da stand mit Mordsplatten und Warmhaltekübeln, weil einer von den Gelackten für sich und seine Freunde 'nen Happen hatte kommen lassen.« Ein Grüppchen von den Geld-oder-Klage-Typen steht in der Nähe im Halbschatten einer Kastanie. Diego bleckt die Zähne. »Die Burschen finden hier natürlich alles zu oll und zu assisch, aber wenn die nur in den Pools ihrer Eltern ihre Bahnen ziehen, sieht ja niemand die Armani-Badehose und den Vidal-Sassoon-Schnitt, und außerdem sind hier ein paar ziemlich süße Mauseschnitten, vielleicht nicht die finanzielle A-Klasse, aber für 'nen Techtelmechtel durchaus denkbar. Aber wenn sie dann für den Showeffekt ein paarmal vom Rand aus in die Drei-Meter-Brett-Zone gesprungen sind, um zu zeigen, was ihr Schwimm-Coach, der Ex-Olympionike, ihnen so beigebracht hat, kann es sein, dass der Kollege oder ich Zoff machen ...« Diego setzt eine Miene auf, die klarmacht, dass Zoff besser zu vermeiden ist. »Die Geltolle kündigt mir dann ganz lässig einen Anruf von seinem Vater an. Aber nicht mit mir. Ich krieg da keine Angst. Ich erzähl ihm ganz lässig zurück, dass ich hier das Hausrecht habe und so einem Windei wie ihm in null Komma nix Hausverbot erteile, und dann kann er seine Bahnen im heimischen Gartenteich ziehen!«

Während Diego noch die Tamino-Serafin-Fraktion im Auge behält, werden wir auf das Neurozornröschen aufmerksam, das bestimmt bereits vor dem Losgehen ausgerastet ist, weil sie bei 30 Grad im Schatten ihre gefütterte grüne Teddyflauschkapuzenjacke anziehen wollte, Mama aber gesagt hat, dass sie darin einen Hitzekoller bekommt und dann noch schneller sauer wird als sonst. Jetzt kriegt sie einen krassen Wutanfall, ehe Mama auch nur die Badetasche abgestellt hat, weil sie vorgehen und den Liegeplatz bestimmen wollte, Mama aber ihre Wahl schlecht fand, weil da die ganze Fritteusenabluft hinweht und außerdem nebendran eine usbekische Jugendgruppe indoiranische Singspiele macht.

Wie funktioniert der polnische Triathlon?

Ins Freibad laufen. Schwimmen. Mit einem Fahrrad zurück.

Diego folgt unserem Blick: »Eine von diesen Wüterinnen! Immerhin toben die sich vor allem an ihren Eltern aus und nicht an anderen Kindern wie diese kleinen Giftmischerinnen, die so eine Mädchengruppe innerhalb von 'ner Viertelstunde in einen heulenden Unglückshaufen verwandeln mit Geflüstere und Gemeinheiten. Und wenn da jemand was sagt, kreischen die Eltern gleich, ihr Kind werde gemobbt.«

Wir werden wieder abgelenkt: ein Aufschrei am Schwimmerbecken. Super-Mario kann zwar noch gar kein bisschen schwimmen und sein Papa hat die Superman-Schwimmflügel auch noch nicht mal ausgepackt – der Gesinnungskamikaze stürzt sich aber bereits ins Tiefe. Das gibt eine hübsche kleine Vorstellung für die Umstehenden, die mit ansehen, wie der Papa in Bermudas und Polohemd hinterherhüpft, um den Überlebenskampf seines Sohnes zu einem glücklichen Ausgang zu bringen. »Anständig«, knurrt Diego, »so musste ich nich' ran. Manchmal läuft's aber auch anders. Neulich ist so ein Rettervater, selber ein verhinderter Frontman, wenn Sie mich fragen, seinem Sohn beim Retten aufs Schlüsselbein gesprungen und hat sich bei der Aktion auch noch am Beckenrand die Stirn aufgeschlagen. Da hatten wir dann richtig was zu tun!«

Jetzt geht Diego mal bei den Halbstarken nach dem Rechten sehen. Die äugen verdächtig auf der Wiese rum und ölen ihre erwachende Männlichkeit ein. »Vieles am Freibad nervt die Typen zwar – Bademeister, Baderegeln, aus der Form geratene Mütter, endnervige Kleinkinder –, aber hier können sie unter dem Deckmantel der sportlichen Betätigung Terrain sichern, um den Macker zu geben und Weiber zu glotzen.«

Wenn es einen Darwin Award (Preis für besonders dämliche Aktionen, bei denen das eigene Leben in Gefahr gerät) der Freibäder gäbe, ginge er an einen der Angeber, die so lange auf dem Ein-Meter-Brett das Riesenkänguru geben, bis genug Tropfwasser das Brett um ihre Füße glitschig gemacht hat und sie nach dem soundsovielsten Springfedern ausrutschen und jesusmäßig auf den Rücken oder gar den Nacken knallen, bevor sie, verknickt, halb ohnmächtig und trottelmützenbewehrt, im Chlorwasser versinken.

Die Rutsche ist belagert von Kevin, Christos und Attila und ihren sechs besten Freunden, die immer ein bisschen so auftreten wie Bodyguards. Also die Security hätten wir schon mal, fehlt nur noch der Star. Aber egal. Wir sind hier an der Rutsche. Die ganzen käsegesichtigen Burschis trauen sich nicht mehr ran. Aber natürlich tun sie so, als wollten sie auch gar nicht rutschen, sondern fänden es viel cooler, bei der Tischtennisplatte Schlange zu stehen. »Da stehn auch oft die Schlaubacken rum, drücken sich vorm Wasser und halten Vorträge über theoretische und tatsächliche Flugbahnen, den Einfluss der Schwerkraft und das Verhalten von Körpern in kompressiblen Fluiden, was weiß ich denn. Das ist mir aber fast noch lieber als das moderne Gequatsche von den Chiller-Kids, die mich den Abknicker (Spaßverderber) nennen, wenn ich sauer werd, weil die mir erzählen, da treibe irgendein zugetackertes Alpaka (gepiercter Idiot) mit Assistickern (Tätowierungen) im Wasser; sie hätten mich doch nur ein bisschen abflocken (auf den Arm nehmen) wollen. Na danke! Ich renn da rüber und such irgend so 'n langhaariges Tier und frag mich noch, wie das zu uns ins Bad gekommen ist ...«

Dinge, die am Ende eines heißen Sommertages auf dem Grund des Schwimmerbeckens liegen

- Wurfstern
- Suppenkelle
- Harpune
- ferngesteuerter Hot-Wheels-Range-Rover
- einzelner Stiletto in Royalblau
- Staffelei
- iPad
- Bayern-München-Maßkrug
- Rehbockgeweih auf Trophäenbrett
- Sheriffstern

Die Einzigen, die an der Rutsche 'ne dicke Lippe wagen, sind Borislaw, Dmitrij und Igor mit ihren russischen Jungs. Die rutschen einfach auch. Und warten nicht mal ab, bis Platz ist. Prompt kriegt Christos fies 'nen Russenfuß ins Kreuz. Was ihn besonders nervt, weil die Cindys und Mandys, die so schön vom Schlampenacker aus rüberlinsen – das merkt er genau, auch wenn die Ischen natürlich so tun, als ob sie nur blöde in die Gegend peilen würden –, gerade so interessiert gewirkt haben. »Zu retten is' bei denen auch wenig«, meint Diego. »Da muss ich eher aufpassen, dass ich nich' woanders was überseh, während die da liegen wie die Grillhähnchen.«

Und dann schlappt Diego mal lieber hin, pfeift schrill, baut sich auf und zeigt mit dem Daumen hinter sich. »Ey, Chef, was hab isch denn gemacht?«, mault Igor. »Isch bin hier total korrekt am Schwimmenen und dein übelst laute Trillertröten hat misch konkret erschreckten.« Der dicke Schalke-Anhänger glitzert in der Sonne: »Pass mal auf, Freundchen, immerhin hast du nicht 'ne ganze Tube Pomade in den Haaren und auch nicht so 'ne Rastamatte, mit der du mein Wasser zum Biogrütztümpel machst, deswegen will ich noch mal ein Auge zudrücken, aber wenn zwischen dir und den anderen Badnutzern ab sofort nicht fünf Meter Abstand ist, gehst du ins Kinderbecken.«

Vergessen Sie
Erziehungsratgeber!

»Ein Kind nach den Anleitungen eines Buches zu erziehen, ist gut, nur braucht man für jedes Kind ein anderes Buch.«

Unbekannt

Vergessen Sie also Erziehungsratgeber!

Folgende Empfehlung macht doch Hoffnung ...

»Einfach vor dem Schlafengehen das Anti-Monster-Spray gemeinsam mit den Kindern aufs Kopfkissen, unters Bett und in den Schrank gesprüht – und die Monster ergreifen ganz schnell die Flucht. Denn den Geruch von ätherischem Lavendelöl mögen sie gar nicht! Dass dieser Duft in erster Linie beruhigend und schlaffördernd wirkt, müssen Sie Ihren Kleinen ja nicht verraten ...«

(Entdeckt auf der Internetseite der Zeitschrift *eltern*. Tatsächlich wird dort Erziehungsberechtigten unter anderem empfohlen, zur Angstbekämpfung mit einem Anti-Monster-Spray auf die Jagd durch das vermeintlich ungeheuerverseuchte Kinderzimmer zu gehen. Die Firma verspricht: »Vertreibt Monster zuverlässig!«)

… dass dieses Monstervernichtungsmittel auch die Monster der anderen ausknocken könnte …
Und eben haben wir auf Amazon.de entdeckt, dass es auch Anti-Zicken-Spray gibt. Toll!

Ist Ihr Kind hochsensibel?

488 Seiten
Preis: 19,90 €
ISBN 978-3-636-06356-4

Elaine N. Aron
Das hochsensible Kind

15 bis 20 Prozent aller Kinder sind auf besondere Art und Weise empfindsam, oftmals sind es gerade die klugen, kreativen Kinder. Bei manchen führt die gesteigerte Sensibilität aber auch zu Schüchternheit oder Konzentrationsschwierigkeiten.

Universitätsprofessorin und Psychotherapeutin Dr. Elaine N. Aron gibt in diesem Standardwerk Eltern Hilfestellungen, wie sie die Hochsensibilität ihres Kindes erkennen und es seiner besonderen Empfindsamkeit gemäß fördern und begleiten.

Die lustigsten Kindheitsirrtümer

100 Seiten
Preis: 9,99 €
ISBN 978-3-86882-283-0

Robert Neuendorf
Als Kind dachte ich, der Fernsehsender n-tv heißt Ente-Pfau

Als ich klein war, dachte ich … Jeder hat Erinnerungen an bestimmte Überzeugungen, die er oder sie als Kind hatte, und die sich mit dem Erwachsenwerden in Luft aufgelöst haben. Die schönsten, lustigsten, niedlichsten und wunderlichsten sind in diesem Buch versammelt. Ein originelles Geschenk, das uns in die Kindheit zurückversetzt.

Die lustigsten und peinlichsten Beichten

224 Seiten
Preis: 9,99 €
ISBN 978-3-86883-247-1

Robert Neuendorf
Ich war Telefonjoker bei »Wer wird Millionär« und habe absichtlich falsch geantwortet

Elitesoldaten gestehen, dass sie Angst im Dunkeln haben, nachdem sie einen Horrorfilm gesehen haben, unerfahrene Tierhalter bekämpfen den Mundgeruch ihrer Katze mit Mundspray, Jugendliche finden im Schrank ihrer Mutter einen monströsen Penis aus Gummi. Mit Fremdschäm- und Lachgarantie.

Der Kult aus Facebook nun als Buch

Mit zugehaltener Nase kann man nicht summen.

Kellnerinnen erhalten in der Woche, in der sie ihren Eisprung haben, mehr Trinkgeld als sonst.

Ameisen fallen immer nach rechts um, wenn sie vergiftet werden.

208 Seiten
Preis: 8,99 €
ISBN 978-3-86883-201-3

Nutella hat Lichtschutzfaktor 9,7
Die volle Dosis unnützes Wissen

Diese und über 2000 weitere unglaubliche, spannende und skurrile Fakten aus allen Bereichen des Lebens beinhaltet dieses Buch. Zusammengestellt wurden sie auf der großen Facebook-Seite »Unnützes Wissen«, die täglich Tausende Fans begeistert.